365日間稼働できるホリデーハウス

旅館アパート

旅館業の許可を取得する「旅館アパート」は365日営業が可能。ファミリーや小グループ向けで差別化をしており、外国人旅行客から支持を集めています。

case1

店舗付住宅からリノベーション

くつろげる和室は外国人からも好評

東京最強の観光地、浅草駅から徒歩圏というスーパー立地は外国人旅行客から圧倒的な支持を得ています

地下鉄 銀座線某駅　徒歩8分
木造中古・店舗付戸建て
想定家賃（宿泊費）
月額　約90万円

本書の第2章にて詳しく解説しています。

スカイツリーの見える下町のお宿

case2
店舗付住宅からリノベーション

スカイツリーが見えるテラスのある旅館アパート。庶民的の下町が人気

京成電鉄・地下鉄・東武線
某駅　徒歩3分
木造中古・店舗付戸建て
想定家賃（宿泊費）
月額　約50万円

渋谷からほど近い三軒茶屋にあるシェアハウスも旅館アパートに!

渋谷からのアクセスの良さが特徴

case3

シェアハウスから転用

東急田園都市線某駅　徒歩7分
木造中古・シェアハウス
想定家賃（宿泊費）
月額　約71.5万円

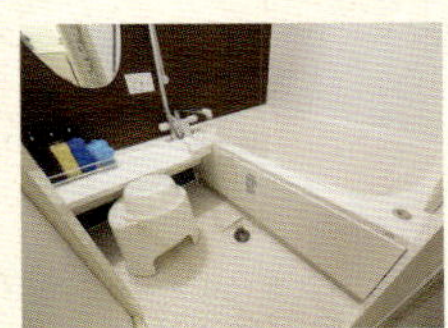

case4
新築

世界的に有名な観光地の近くで大人気!

京都を代表する繁華街である祇園や有名な八坂神社からも徒歩圏という好立地にオープンしたばかり

地下鉄某駅　徒歩11分
木造新築・2世帯住宅
想 定家賃（宿泊費）
月額　約54万円

家賃収入3倍増！
“旅館アパート”投資術

～365日宿泊可能な合法民泊～

大家 白岩 貢
Mitsugu Shiraiwa

はじめに

２０１８年6月15日、住宅宿泊事業法・・・通称、民泊新法が施行されました。大手民泊プラットホーム『Airbnb（エアビー）』では、すでに6月早々には届出のない民泊のリスティングを一斉に落としました。

これにより、ヤミ民泊と呼ばれていた非合法民泊は一掃されました。興味深いことに転貸でヤミ民泊を行っていたホストをターゲットにした民泊撤収業が繁盛しています。

「旅館アパート」を提唱する私の元へも「民泊新法がスタートしましたが大丈夫ですか?」「年間１８０日の営業になってしまうのですか?」といったご心配の声をいただいています。

混同されている方も多いのですが、民泊＝民泊新法ではなくて、民泊にはいくつか合法のやり方があります。詳しくは本文に譲りますが、「旅館アパート」は自治体の許可を受けていますから、問題なく３６５日稼働ができます。

おかげさまで本書２章でご紹介するように、廃業した床屋さんの物件の家賃が３倍の67万円になったり、人気観光地で今年新築オープンした旅館アパート（簡易宿所）は初月からフル稼働で月に54万円（相場7万程度）の家賃を生んでいます。

ここで私、白岩貢をご存じない方のために、簡単に自己紹介をさせていただきます。

私が不動産投資にかかわるようになって、はや16年が経ちます。

その間様々なことがありました。リーマンショックから東日本大震災、景気が落ち込んだ日本でしたが、アベノミクス、マイナス金利政策と続き、今年に入って新築シェアハウス問題が勃発したりと常に変化を遂げています。

ほんの少し前までは、不動産投資で誰もが簡単にお金持ちになれる・・・そんな風潮でしたが、今はどちらかというとネガティブなイメージがあります。


私が世田谷・目黒に特化した吹き抜けアパートを企画した当初は、都内に住む中流層のカップルがターゲットでした。

それがリーマンショック以降、ワーキングプアといわれる人たちが増えました。住むところない、その日の仕事すらない非正規社員が街にあふれ、派遣村や漫画喫茶難民という言葉もうまれました。

その後、雇用は回復しましたが、人々の暮らしは落ち込んだままのように感じます。

そうした時流を受けて、私は年収の低い若者のためにシェアハウスを企画しました。

家具家電が揃って、スーツケースひとつで引越しできる現代版の下宿です。


その後、２０１６年2月、マイナス金利政策による異次元の金融緩和によって、資産家でなくてもアパート・マンションを持つことができるようになりました。

不動産投資ブームの波及は、サラリーマン大家さんだけではありません。

２０１５年の税制改正を受けて、相続税の課税対象が広がったことにより、節税対策のため日本各地の地主さんも一斉にアパートを建てはじめました。更地にしているよりは課税時の評価額が下がるためです。

その結果、とても需要が見込めるとは思えない立地に、莫大な数の新築アパートが建ち並んでいます。

首都圏も地方もアパート・マンションがあきらかに増えすぎているのです。

こうしたブームを支える銀行の融資姿勢に対して、懸念の声も聞こえてきたところに、先述した新築シェアハウス会社のトラブルが起きました。

長期のサブリースを保証しておきながら、一方的に支払いを止めたあげく、その会社は倒産してしまったのです。

ほかには首都圏近郊で駅から不便な場所にある狭小アパートを新築したものの、空室がまったく埋まらず苦しんでいる大家さん。また、地方の築古の大型RC造マンションを購入して後悔している大家さんもいます。

自己資金0で立派な1棟マンションが買える・・・そんな売り文句に惹かれて購入したものの、退去があれば多額の修繕費がかかります。

さらには古くなったRC造マンションでは外壁塗装、屋上防水などの大規模修繕工事が数百万円どころか1000万円近くかかり、これまでの儲けをすべて吐き出しても足りません。

このように世の中には失敗投資をしている大家さんが多数います。

私に言わせれば、物件を買うことばかりに夢中になって、物件をしっかり稼働させることに対して思いが希薄なのです。

賃貸経営とは長期間にわたる商売です。厳しいことを言うようですが、買ったその先を見据えていない人が多すぎます。

とはいえ、地方も首都圏も、もはや賃貸住宅は溢れてかえっていますから、どれだけ目をこらしても明るい未来は見えません。

そんななかインバウンドニーズ・・・外国人旅行客は着々と増え続けています。この流れを見て、私はターゲットを入居者ではなく外国人旅行客に変えました。こうして誕生したのが「旅館アパート」です。

「旅館アパート」は私の造語ですが、見た目はそのまま貸家・アパートです。そして、賃貸住宅とは思えないほどの収益をもたらします。

ヤミ民泊が一掃された今こそがチャンスです。「旅館アパート」投資のすべてを知りたい方はどうぞ、この先を読み進めてください。

白岩 貢

◆目次◆

第2章　「旅館アパート投資」家賃アップ事例紹介

第3章　内需から外需の時代へ！　インバウンドの未来

第4章　「旅館アパート」投資の考え方

第6章 「旅館アパート」の運営

第1章

「民泊新法」施行!さらに勝ち組となった「旅館アパート投資」

無法地帯だった民泊ですが、6月15日にいよいよ民泊新法が施行されました。

これにより、届出のない民泊は「Airbnb」をはじめとしたマッチングサイトへの掲載はできなくなります。

もちろん、私が提唱する「旅館アパート」は、なんら変わりはありませんが、民泊の業界としては大きく揺れ動くことでしょう。

本章では初心者の読者のために、ここ最近の民泊の動きや民泊新法について解説をします。

6月15日、「民泊新法」（住宅宿泊事業法）施行！

日本の民泊マーケットに大きな転機が訪れました。

２０１８年6月15日の住宅宿泊事業法、通称「民泊新法」が施行されたのです。

この原稿を書いているのは5月ですから、まだ先の話ですが、法整備が間に合わず「ヤミ民泊」「違法民泊」が横行している流れにピリオドが打たれることでしょう。

これまで民泊を合法で行う際には、私が提唱する旅館アパート――旅館業の簡易宿所として許可を取得するか、大阪府や東京都大田区等の特区民泊を活用する方法しかありませんでした。

それが新法施行後は届出を行うことで、全国どこでも民泊の営業を行えるようになります。

ご存じの方も多いでしょうが、ここで民泊についておさらいしたいと思います。

民泊は戸建てやアパート・マンションなどの共同住宅の一部を旅行者に宿泊先として提供するサービスとして誕生しました。

「Airbnb」を代表とする空き室を貸したい人と旅行者をマッチングするインターネット上のプラットホームの存在により、世界各国に広まりました。

日本でも２０１４年頃より、都市部や観光地を中心に展開されています。

民泊新法では、インターネットの電子申請システム（民泊制度運営システム）から届出を行うことで民泊の営業ができるようになる一方で、年間の提供日数は１８０日以内となります。

民泊の届け出は3月15日から受付を開始。受理されれば民泊新法が施行される6月15日から営業が可能になります。

新法の成立を受けて、区市町村は独自の条例を制定して、民泊を営業できる地域や期間を制限する動きがあります。

大手コンビニエンスストアなどが民泊で使う鍵の保管ボックスやチェックイン拠点の設置などに乗り出して、後押しをしていますが肝心の自治体は完全に拒否ムードなのです。

既存の宿泊業界からの反発にくわえて、民泊を利用する宿泊者と住民との間でトラブルの発生も懸念されています。

都心の民泊では夜中の騒音やゴミ出しのマナー違反などトラブルが発生しているのは、すでにニュースなどで報じられている通りです。

3種類の「合法民泊」

ここで現在、合法で行える民泊について簡単に解説したいと思います。

私が提唱する「旅館アパート」は①の旅館業、簡易宿所の営業許可を取得します。

その名の通り「旅館業」ですから、民泊とはまったく違うと認識していますが、戸建てやアパート・マンションといった住宅を転用できるということにおいては、民泊と近いものです。

①簡易宿所営業

簡易宿所（かんいしゅくしょ）は、日本の宿泊施設の類型。旅館業法における44種の旅館業（ホテル営業、旅館営業、簡易宿所営業、下宿営業）のうちのひとつ。

原則として国の定めた旅館業法簡易宿所営業の法令があり、保健所・消防署の検査を受けて営業許可を取得します。

具体的な部分は各自治体が要綱を定めており、旅館業法のなかではもっともハードルが低いとされています。

民泊に比べては格段に手間とコストがかかる印象がありますが、民泊新法の内容からいえば、簡易宿所の方が許可は得やすいかもしれません。

２０１６年にはこれまであった33㎡という床面積の基準は定員10名以下であれば1人３・３㎡とかなり緩和されています。

②特区民泊

特区民泊とは、国家戦略特別区域法に基づく旅館業法の特例制度を活用した民泊です。

特区民泊の正式名称は「国家戦略特別区域外国人滞在施設経営事業」ですが、特区

（特別区）における民泊事業として、特区民泊と呼ばれています。

合法民泊のひとつとして注目を集めたのですが、可能なエリアはあくまで国家戦略特別区の一部に限られます。

③民泊新法

住宅宿泊事業法は、急速に増加した民泊について、安全面・衛生面の確保がなされていないこと、騒音やゴミ出しなどによる近隣トラブルが社会問題となっていること、観光旅客の宿泊ニーズが多様化していることなどに対応するため、一定のルールを定め、健全な民泊サービスの普及を図るものとして、新たに制定された法律で、2017年6月に成立、2018年6月施行しました（通称、民泊新法）。

民泊新法では、住宅宿泊事業者の届出制度と住宅宿泊仲介業および住宅宿泊管理業者の登録制度を創設します。

住宅宿泊事業者というのは、「住宅を貸出して民泊を運営したい」と考えるホストのことで、民泊ホストは都道府県知事に届出を提出して民泊サービスを提供できるようになります。

ただし、1年間で提供できる日数の上限は「180日（泊）」で、住宅宿泊事業者には衛生確保措置、騒音防止のための説明、苦情への対応、宿泊者名簿の作成・備付け、標識の掲示といった民泊運営のための適正な措置を行うことが義務付けられます。

また、「Airbnb」をはじめとした民泊ホストとゲストをマッチングする仲介サービス（住宅宿泊仲介業）と民泊運営を代行している業者（住宅宿泊管理業者）は登録制となり、住宅宿泊仲介業は観光庁長官に、住宅宿泊管理業者は国土交通大臣にそれぞれ登録することになります。

※民泊は歓迎されていない現実

民泊新法について、ネットでキーワード検索をしてみると「民泊開業のチャンス到来」「民泊の内装を卸値で提供」「民泊認定申請の手続き代行」といったビジネスチャンスを思わせる情報が満載ですが、実際のところ、民泊新法のルールは民泊の普及とはかけ離れているのが現実です。

そもそも民泊は、これまで日本の生活習慣からは考えられなかった事業形態です。

それがインターネットの発達、スマホなど携帯端末機の普及や、宿を仲介するマッチングサイトの登場により、その存在が爆発的な勢いで全国津々浦々にまで広まりました。

また、２０２０年に東京オリンピックの開催が決定した背景も後押しする結果となりました。

今後も増加の一途をたどるのであろう海外旅行客を当て込んで、自宅はおろか、他人の家を借りてまで民泊事業に参入しようとする人たちが後を絶ちません。

そのなりふり構わぬ行いが今回の問題点となるのです。

民泊の発祥地とされる英国、及びヨーロッパのように自宅を貸すわけでもなく、賃貸アパートをホテルのように活用してしまったことが全ての元凶なのです。

それもアパートの大家さんには無許可で、いつの間にか知らないうちに民泊ビジネスをはじめているのですから。

アパートの住人など、毎日どこの誰なのかもわからない外国の旅行者が頻繁に出入りするものですから、それこそ迷惑千万だと思います。

そのような事態に陥ることを国が想定していなかったことも不可解です。むしろトラブルが起きても当然のことでしょう。

国としては、インバウンド市場を広げて、どんどん海外から観光客を誘致したいという思惑があって民泊を推進しているのですが、自治体は推進するどころかシャットアウトをする動きを見せています。

ここで、現状をよく表している新聞記事を紹介したいと思います。

■民泊届け出1カ月で232件 サイトに6万件あるけど・・・

朝日新聞デジタル　2018年4月22日

一般の住宅に有料で人を泊める「民泊」を営む場合の届け出について、観光庁は18日、受け付けを始めた3月15日から4月13日までの約1カ月で232件が提出されたと発表した。

民泊のルールを定めた「住宅宿泊事業法」（民泊新法）が6月に施行されるのを前に、全国の自治体で受け付けている。民泊事業者や物件のほかに、物件管理者や仲介事業者などの登録も必要だ。13日までの届け出では、管理者が２８４件、仲介事業者が22件だった。

ただ、大手仲介サイトに掲載されている民泊の物件数は現在、6万件を超えている。今後届け出がないと、すべて違法な「ヤミ民泊」になる。

観光庁の田村明比古長官は会見で、「現時点ではこんなものかなと思う。主要な自治体では窓口に相当数が相談に来ている。今後、届け出件数なども増えていく」との見方を示した。

https://www.asahi.com/articles/ASL4L4D0BL4LULFA00R.html

たしかに自治体ごとに条件が違いますし、多くの自治体がより厳しいルールを決め

ています。これでは民泊推進どころから民泊の抑止ともいえます。

そこまで自治体が民泊新法の条例を厳しく締め付けるのはなぜなのか・・・それは、いざトラブルが発生したときに矢面に立ってクレームを受けるのは自治体だからです。民泊がある近隣住民たちは、何かトラブルが起これば市役所・区役所・保健所・警察署といった最寄りの公的な機関へ訴えます。

観光庁や厚生労働省といった、本来であれば担当する国の機関には報告がされないため、政府と各自治体で見解が大きく乖離しているのが実情です。

その結果、騒音やゴミの問題に行き着くのです。

しかし、ここでよく考えてください。外国人旅行者がトラブルを起こす可能性は極めて少ないはずです。旅行慣れしている人たちのモラルやマナーの良さを想像してみてください。

厳しすぎる民泊新法で民泊が激減する

くり返しますが、２０１８年6月15日に住宅宿泊事業法（民泊新法）が全国で解禁され、３月15日から届出受付が開始されました。

それに伴い、私の住む世田谷区でも3月15日に説明会が行われましたが、自治体の対応は完全に遅れています。

5月現在は各マッチングサイトからホストに対し、「観光庁が設けた民泊制度運営システムに登録してください」とアナウンスされています。

Airbnb（エアビーアンドビー）には、約6万件ものホストが登録しているのですが、民泊制度運営システムに届出をして番号をもらったのは、わずか３００件弱しかありません。それが4月末の状況です。

観光庁は仲介業者にも圧力をかけており、民泊制度運営システムに無登録の業者は排除されることになります。

旅館業の簡易宿所であれば、保健所・消防署の検査を受けて「許可」を得ますが、民泊新法の場合は、あくまで届出ですから、そこまで大変ではないように思えますが、これが一筋縄ではいかないといいます。

一例をここで紹介します。

●民泊新法のルール

民泊事業を「一般の住宅でもやってよい」と言っておきながら、旅館業に準ずる設備である、「自火報（自動火災報知設備）」を付けるように」と定められています。

建物の延床面積が200㎡を超えていて、そのうち民泊の部分が1割を超えれば、自火報を設置しなくてはならないのです。

それらは自己申告制とされていますが、消防署に届出をして確認書をもらわなければいけないことになっています。また、消防署の管轄によっては視察に来ることもあります。

なお、旅館業に関しては保健所、消防署ともに検査を行います。

保健所は届出制なので書類を提出すれば問題ありませんが、その一部に消防署の確認書が含まれています。

ですから、これまで自火報を設置せずに運営していた民泊オーナーたちは、届出に際して規定をクリアしなければいけません。

加えて、自宅で民泊をおこなっているホームステイ型の場合は、登記簿を明示しなければなりません。

賃貸で民泊をやっている人に対しては、大家の承諾書が必要となります。分譲マンションであれば、管理組合の承諾書が求められます。

また、法務局が管轄する「成年後見登記」に、自分が登記されていないかの証明書を請求して発行してもらいます。

自分が犯罪に関与していないか、もしくは禁治産者ではないかの証明になり、これは宅建にも必要です。

結局のところ、民泊新法とは、民泊を解禁する法律ではなく、規制する法律になっているのが特徴です。

こうなると、今までやってきた民泊オーナーはやめてしまうかもしれません。ほとんどの人が自宅ではなく部屋を借りてやっているからで、もしもうまく届出ができたとしても民泊として年間で部屋を提供できる日数は180日以内で採算が合いません。

この民泊新法は施行時期こそ統一ですが、区によって宿泊可能な日数の設定が異なります。

とりわけ都市計画に敏感な東京都世田谷区は、民泊新法においても他の区より厳しく制限しています。宿泊可能日数も120日以内と短く定められています。

国内屈指の観光地である京都においては、オフシーズンである1月15日から3月15日までに制限されています。事実上、このシーズンに民泊で利益を得られるのは自宅でやっているオーナーくらいでしょう。

空いているお部屋を貸し出すことで、今までにかかったお金が得られるのですから。同じようなことを転貸で行うのは難しいと思います。

要するに、従来の民泊スキームで経営をし続けるのは難しいということです。

ともあれ民泊新法が施行されるにあたり、民泊ビジネスをしたいのであれば、観光庁が設けた民泊制度運営システムに登録しなければいけません。

無届では民泊仲介サイトで紹介してもらえなくなるのです。

なかには大手に頼らず個人的にＳＮＳを活用して集客を目論む人が出てくるのかもしれませんが、それを通報でもされたら立ち入り検査をされることでしょう。

これまでならグレーゾーンだったので、お咎めもなく営業を続けてこられましたが、今は刑罰が科せられます。

これからは役所が本気になります。通報された部屋には保健所が立ち入り検査にやって来ます。

保健所の検査に入られて違法が発覚すれば罰金１００万円です。

第2章

「旅館アパート投資」家賃アップ事例紹介

私は3年程前から、アパートや戸建てを「旅館」にすることに大きな将来性を感じました。

そして、私の考えに賛同してくれたオーナーさんたちと共に全力で取り組んできました。

おかげさまで私が企画する旅館アパートは２０１８年現在、東京と京都で31棟56室が完成、９棟18室のプロジェクトが進行中です。

第２章では旅館アパート投資をはじめて成功されているオーナーさんから喜びの声をご紹介させていただきます。

事例 1
家賃20万円➡家賃67.3万円にUP！

廃業した床屋を
フルリノベーション
和モダンな旅館に！

山田雄二さん（仮名）
東京都在住・40代のサラリーマン

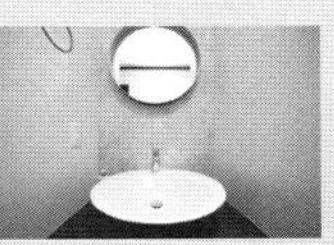

【物件データ】
☆物件概要　地下鉄銀座線某駅　徒歩8分
　簡易宿所（一世帯）＋倉庫　3LDK　約87.8㎡
☆想定家賃（宿泊費）月額50万円～ 97万円

山田さんとはもう5年前からのお付き合いで、もともとは渋谷の周辺でシェアハウスを所有され、私が運営のお手伝いをしていました。

そのほかに妹さんのマイホーム用地を職人住宅に建てたことがあります。

土地は40坪で東京都町田市の郊外によくある新興住宅にありました。近隣にはメーカー製の賃貸物件も多く、客付に苦労する地域ではありました。

そこに「アパートを建てたい」と希望されたのですが、私は将来性を感じませんでした。それで職人住宅（ガレージハウス）をおススメしたのです。

戸建てではなく連棟ですが、月に25万円の家賃収入があります。

結果からいえば、ビルドインガレージの職人住宅という競争力のある貸家で成功されています。

そんな山田さんから「もう一棟欲しい！」というご要望をいただき、それで私も「やりましょう！」となりました。

東京都内で物件を探していたところ、浅草にちょうどいい物件が出てきました。

これはうちのスタッフが古い上物が建つ土地を見つけて、山田さんと「この物件をどうしましょうか？」と話をしていたのです。

ちょうど世間は民泊ブームに沸き立っていましたが、ネガティブな話題も出始めていて、不確定要素が多かったのです。

当時の民泊は今以上にグレーゾーンでした。

とはいえ、浅草周辺にあり駅から徒歩8分という好立地ですから、普通の賃貸物件にするのも、もったいない話です。

そこで、旅館業の営業許可を取れないか、設計士や行政書士へ確認をしたところ、「できます！」という判断となり、簡易宿所営業の許可を取ることにしました。

これは私が初めて手がけた簡易宿所になるのですが、２０１５年12月のオープンにこぎつけるまで半年くらいかかりました。

そもそも、ここは住まいを兼ねて床屋さんを営んでいらっしゃいました。

そのため最初から入口が２つある物件でした。

床屋部分を倉庫、自宅部分を簡易宿所にするプランを実行しました。

オープンしてから1年以上が経った現在では、ホテル予約サイト「ブッキングドットコム」で10点満点中の８・７点を獲得し、非常に高評価を得ています。

さらに宿泊の収益に加え、床屋のスペースは倉庫として貸し出しているため、プラス月々9万円の賃料が入ります。

「オペレーションは白岩さんたちにすべてお任せしてありますので安心ですね。物件を持っていることすら忘れてしまうほどですから（笑）。これまでにアパート（2世帯のテラスハウス）とシェアハウス、それに簡易宿所を所有してきましたが、今も京都で建築中です！」

と、山田さんには喜んでいただいています。

事例 2
家賃17万円➡家賃51万円にUP！

貸しにくい店舗物件を簡易宿所に転用したら売上が3倍にアップ

石川孝明さん（仮名）
東京都在住・30代のご夫婦
共働きのサラリーマン

【物件データ】
☆物件概要　京成電鉄・地下鉄・東武線　某駅
　徒歩3分　簡易宿所（一世帯）　3DK＋ロフト　約50㎡
☆想定家賃（宿泊費）月額40万円～ 50万円

もともと1階がテラスの付いた喫茶店で、その2階が住居という物件でした。

このタイプには珍しく、築2~3年という新しい物件でした。

立地は京成線・東武線・地下鉄と使える線が複数あり、もっとも近い駅から徒歩3分、浅草駅からも徒歩圏です。

この物件は旧法借地権で、業者が売主でした。賃貸と売買の両方で出ていたのです。賃貸では15万円と高めの家賃でしたが、カフェ付きの特殊な物件です。普通の住宅ではありませんから、なかなか借り手もつかないでしょう。

物件を購入された石川さんは30代のご夫婦です。とりわけ奥様が不動産投資に積極的ですが、浮ついた案件には乗らない慎重派です。

すでに世田谷区の好立地で吹き抜け型アパートを所有されていました。

もう一棟の所有を望まれましたが、いかんせん世田谷は高額なのでエリアを浅草周辺に変更されたのです。

もともとは3000万円台という予算が決まっていました。この予算で好立地になると、どうしても借地になります。

ご夫婦がこの場所に決められた最大の理由は場所がよかったことです。この物件には屋上もあり、そこからはスカイツリーがよく見えます。

「とても好立地で素晴らしく、一目見て気に入りました。周辺に浅草やスカイツリーという大観光地があり、そこから徒歩圏内です。京成線の駅に近いため成田からのアクセスも便利です」と石川さんの奥さんがおっしゃいました。

この物件を購入したのは2015年の秋でした。

翌2016年の夏には簡易宿所にすることを決めたのですが、稼働したのは2017年1月からです。消防の検査に時間がかかりました。

リフォームのポイントとしてはトイレを増やし、帳場を作ったことです。

あとは建物が新しいため既存の設備をそのまま活かしてあります。

延床が50㎡あり、間取りは3DK+ロフトです。

事例 3
家賃50万円➡家賃71.5万円にUP！

渋谷からの利便を最大限に活かした元シェアハウス

木内裕之さん（仮名）
東京都在住・50代の現役サラリーマン

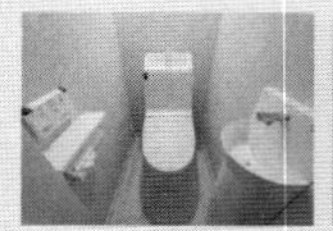
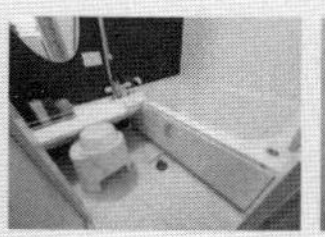

【物件データ】
☆物件概要　東急田園都市線某駅　徒歩7分
　簡易宿所（二世帯）　1LDK　約30㎡
☆想定家賃（宿泊費）月額80万円～ 90万円

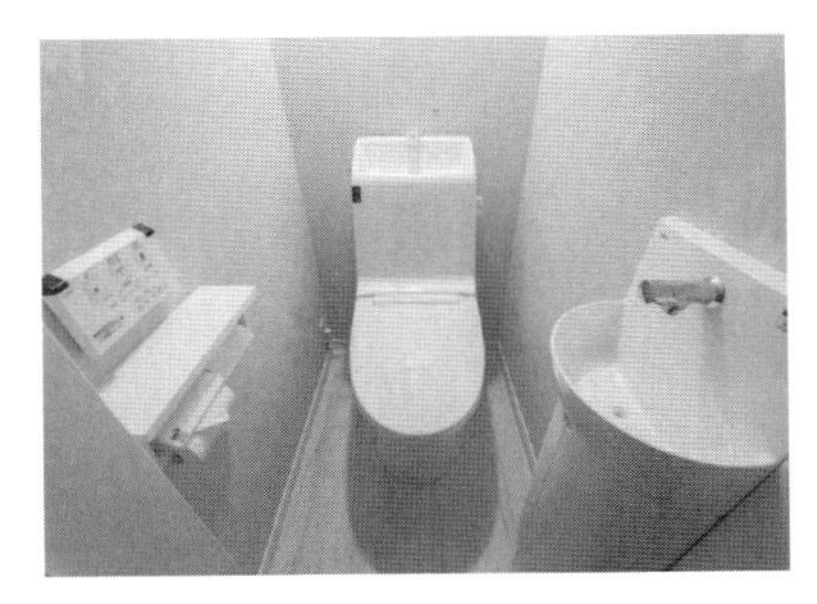
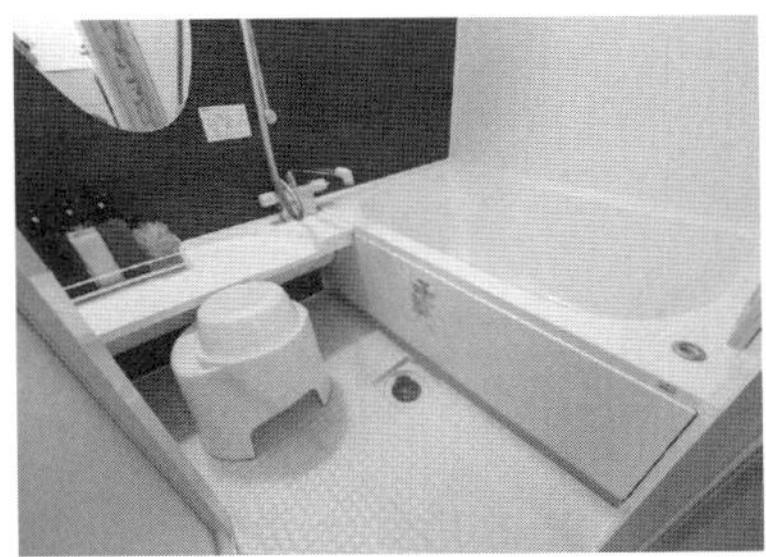

木内さんの物件は、もともと女性専用のオシャレなシェアハウスとして、2014年に新築されました。

最寄り駅は東急田園都市線某駅。駅から徒歩7分にあり、駅から続く商店街にも近く、南部に環状七号線が通っており、とても利便性に優れています。

なにより今人気の渋谷からも近く競争力があります。

渋谷の街が観光地として優れているのもありますが、決定的なのは渋谷駅周辺にはホテルの数が少ないことです。

今や渋谷のビジネスホテルで、シングルが5000円で泊まれるところなどありません。そのため海外からの旅行客だけに限らず日本人も泊まりに来ています。

三軒茶屋は渋谷から利便性が良いことから、外国人旅行客の需要が見込めそうだと感じました。

シェアハウスは満室で月額家賃50万円でしたが旅館アパートとして運用したほうが、収益が明らかに上がることがわかり切り替えを提案しました。それが2017年の末のことです。4月オープンのため、まだ周知が行きとどいていない状態ですが、徐々に稼働率が上がっており、近い内に家賃3倍を達成予定です。

前提として用途地域が専用住宅ではなく、住居地域ということもあり、簡易宿所への転用が可能でした。

旅館業法でトイレは1フロアに2基は必要ですから、トイレを1基だけ増設して、各フロアに設置しました。

それ以外はシェアハウスですから、キッチン・洗面所・風呂・トイレなど、水回りの設備も整っていましたので、共用部はほとんどそのままで、そこに帳場を付けてあります。

各居室はそのまま個室にしました。

また、外国人が喜ぶように既存のベッド2台に畳を敷いて、畳の小上がりを作りました。

シェアハウスも水回りやリビングのインテリアなどの写真映えが大切です。

もともとインテリアに力を入れていたことにくわえ、畳の小上がりも競争力になります。

そして2018年2月から簡易宿所として稼働しています。収益は月額で80〜90万円ほどです。この結果に木内さんにも喜んでもらっています。

事例 4
家賃15万円（近隣相場）➡簡易宿所54万円（初月家賃）（オープン3ヶ月平均）

人気観光地から徒歩圏にある古都の旅館アパート

大城幸重さん
群馬県在住・40代の地主系大家

【物件データ】
☆物件概要　地下鉄某駅　徒歩11分
　簡易宿所（二世帯）　1DK　約30㎡×2
☆想定家賃（宿泊費）月額54万円

オーナーは群馬県在中の地主系大家、大城さんという方で、ご自身でも新築アパートをプランニングされるほど実力があります。インバウンド需要に将来性を感じて旅館アパートを新築されました。

私は京都でも多くの旅館アパートを企画していますが、この物件の強味と言えば、なんといっても立地です。

場所は京都の祇園や八坂神社から徒歩圏にあります。

祇園といえば、京都を代表する繁華街です。また八坂神社は昔から縁結び、昨今ではパワースポットでも国内外から大きな注目を浴び、数ある京都の名所の中でも最強と称されています。

これは2017年、普通に販売されていた土地でした。

立地的に申し分ないのですが、昔ながらの街なので近隣対策にはとても神経を使い、手間暇がかかっています。

基本的に簡易宿所をはじめるときは近隣住民から理解を得るために説明会が必要です。1年がかりで話し合いを行い、こちらの真摯な対応に地元住民の方々も快く承諾してくださいました。

具体的には、次のような対応をすることでようやく近隣の理解を得られたという経緯があります。

・防犯カメラの設置
・必ず送迎する
・24時間対応

こうして2018年の春からオープンしています。

京都の春はお花見シーズンで観光客が非常に多く訪れます。そういったタイミングの良さもありますが、初速から好調で、オーナーの大城さんを驚かせました。

なお、大城さんのリアルな声については第7章の座談会をご覧ください。

第3章

内需から外需の時代へ！インバウンドの未来

今年1月、2017年の訪日外国人客数は前年比19・3%増の2869万人となり、過去最高を更新した観光庁の発表がありました。

2016年の訪日外国人客が2403万9000人でしたから、インバウンド需要はもはや一過性のものではありません。

それに対して、過熱し続ける不動産投資ブームには多くのリスクをはらんでいると感じています。日本の賃貸市況が直面する現実——それから、日本人が知らないニッポンの「底力」、これからの可能性について私の考えをお話します。

高齢化社会のひずみで空き家が激増

日本では空き家が増えて大きな問題となっています。

なぜ日本に空き家は増えていくのか――それは皆さんもご存じの通り。少子高齢化が原因です。

2015年10月に実施した2015年簡易国勢調査の速報値の報告によると、昨年10月1日現在の外国人を含む日本の総人口は1億2711万47人で、10年の前回調査から94万7305人（0・74％）減り、1920（大正9）年の調査開始以来、はじめて減少に転じました。

39道府県で人口が減少し、11年に東京電力福島第一原発事故が起きた福島県は、過去最大の11万5458人減となりました。

厚生労働省の人口動態統計では、2005年に初めて出生数が死亡数を下回りました。

10年調査からの減少について、総務省は死亡数が出生数を上回る「自然減」が主な要因とみています。

全国の世帯数は前回比2・8％増の5340万3226世帯となり、比較可能な1960年以降では最多を記録。1世帯当たりの平均人数は前回比0・08人減の2・38人で、60年以降最少になりました。

この2015年国勢調査の結果からわかることは、日本の人口がどんどん減少している現実です。

生まれてくる赤ちゃんの数が亡くなる人の数を下回り、さらに世帯数が増えているのは、家族で暮らす人よりも、単身で暮らす人が増えているということです。

こういった現象から「人口は減っているが、結婚しない人が増えて、むしろ世帯数は増えている」という意見もあります。

たしかに結婚を選ばない人が増えているという事実もあるでしょうし、高齢者世帯が子供世帯と同居をしないという核家族化もあるでしょう。

国立社会保障・人口問題研究所によれば、全国の世帯数は2019年の5307世帯をピークに減少に転じて、2035年には4956万世帯まで減少する、と予測されています。

こういった将来が見えているにも関わらず、今もなお新築住宅はつくられています。新築のアパートもマンションもです。

放置された空き家が生まれる背景

空き家になった理由については、様々な理由があります。

年老いた両親が住んでいた場合、広い家が不便となって引っ越したり、入院や老人ホームへの入所などもあります。

また、親が亡くなって相続を受けた際に、子世帯はすでに別の土地でマイホームを持って独立していたら、実家は空いてしまいます。

売却をしたいけれど、「実家を片付けるのは面倒」「思い出がつまっているのでふんぎりがつかない」「兄弟間で意見統一ができない」などといった理由で、結局ほったらかしにされてしまうのです。

「できれば貸すか売るかしたいが、家財の整理がなかなかできず、ほったらかしにしている」そんな話をよく聞きます。

それ以外にも、放置された空き家が生まれる理由があります。それは固定資産税・都市計画税（以下、固都税）です。

固都税は、毎年1月1日現在で市町村の固定資産課税台帳、もしくは登記記録などに所有者として登録されている人に対して課税されます。

固定資産税は原則として（一部の例外規定を除く）すべての土地と家屋が課税対象となり、都市計画税は都市計画法による市街化区域内に所在する土地と建物が課税対象となります。

例えば、市街化区域内に住宅などを所有すれば、固都税が併せて徴収されます。

支払い方法は、納税通知書にしたがって一括納付するか、年4回の指定月に分納します。

あくまで1月1日に所有ということが基準で、例えば1月2日に家屋を取り壊したとしても、原則として1年分の課税がされます。

その書籍には、日本は「人口減少社会」なのに「住宅過剰社会」という不思議な国に住んでいる――と書かれています。

著者がいうに、住宅過剰社会というのは、世帯数を大幅に超えた住宅がすでにあるにも関わらず、それに加えて空き家が右肩上がりに増え続け、将来世代への深刻な影響を見過ごして、居住地を焼畑的に広げながら、住宅を大量につくり続ける社会のことを指すそうです。

同書によれば、今から約45年後の２０６０年、日本の将来人口（合計特殊出生率１・35の場合）は８７００万人と、人口減少のはじまった２０１０年の人口（１億２８０６万人）の約７割にまで減少することが予測されているそうです。

これだけの人口減少社会であり、空き家も社会問題になるほど増え続けています。不動産投資に興味のある皆さんなら、日本のいたるところに空き家があることをご存じかと思います。

とくに地方だけの話ではなく、東京23区であっても空き家はたくさんあります。

余っているのは賃貸物件だけではありません。

以前、ニュースで騒がれた空き家問題を覚えていますか？

これは総務省が5年に一度行っている「２０１３年度住宅・土地統計画調査」によると、日本の空き家は８２０万戸にものぼっています。

この調査が行われた２０１３年には、7軒に1軒、空き家があるということでした。

空き家総数はこの10年で１・２倍、20年で１・８倍と、右肩上がりに増えています。

このように空き家が右肩上がりに増え続け、15年後には3戸に1戸が空き家になってしまうと言われています。

それにもかかわらず、都市部では相変わらず超高層マンションが林立し、郊外では無秩序に戸建て住宅地の開発が続いています。

こうして、過剰供給された区分マンションは、入居者が減った結果、管理が杜撰になってゆき、スラム化などの治安の悪化を呼びかねません。

戸建ての空き家も廃墟化すれば、周りの住環境を悪化させてしまうでしょう。

かたや、住宅地が無秩序に広がると、それだけ新しい水道などのインフラや公共施設が必要になり、そのために多額の税金が費やされます。

このままでは私たちが「まち」に支払う税金の負担がかさむ一方で、住環境は悪化の一途をたどるという末路が待ちうけているのではないか、著者はそのように懸念しています。

15年後には空き家が3倍に!?

また、「2025年問題」はご存じでしょうか。

2025年問題とは、人口の5％を占める団塊世代が75歳以上となり、後期高齢者の割合が一気に20％近くまで膨れ上がる問題のことをいいます。

そのため住宅地の行く末は、団塊世代の家を継ぐ、団塊世代の子どもたち、つまり団塊ジュニア世代が親の家をどのようにするのかがポイントとなります。

相続で継いだ家については、前著『新版 親のボロ家から笑顔の家賃収入を得る方法～「空き家」を「お金を産む資産」に変える～』（ごま書房新社）にて詳しく解説していますが、そうやって誰にも必要とされていない住宅が、これからどんどん増えていくのです。

野村総合研究所によれば、空き家となった住宅の解体や、住宅以外への有効活用などが進まなければ、２０１３年に８２０万戸だった空き家が、10年後の２０２３年には、約１４００万戸に増えて、空き家率は21・０％に増えると予測しています。

さらに20年後の２０３３年には約２１５０万戸、空き家率は30・２％まで膨らみ、3戸に1戸は空き屋になってしまうといいます。

そんなことはちょっと信じられない・・・そう思う方は自分自身を振り返ってください。

現状で両親と同居している家庭は多くありません。

とくに東京など首都圏に住む方は、地方に住む親元を離れて独立している方が主流です。

そんな方々のご両親が亡くなったとき、そのまま実家に移り住むようなケースは少ないことでしょう。

多くの子世代は独立して、別の街で世帯をかまえているものです。すでに家を所有していれば、親の家はただ空き家になってしまいます。

これを売却する、賃貸住宅として活用する、といった「次の手」を考えなければ、それこそ廃墟化は必至なのです。

こういった元々は誰かしらが住んでいた家が、使われなくなって空き家になってしまうケースもありますが、賃貸住宅の空室も空き家としてカウントされています。

それもまた大きな問題となっています。

人口減少社会なのになぜアパート建築をするのか

そんな状況にも関わらず新築の増加は止まりません。

日本銀行が昨年の2月9日発表した、全国の銀行による２０１６年の不動産業向け新規貸出額は、前年比15・２％増の12兆２８０６億円だそうです。

これは統計を開始した１９７７年以来、過去最高といいます。

2015年の不動産業向け新規融資の伸びは6%、2016年の伸びは2倍以上となり、全体の新規貸出額は10・4%増の48兆3988億円で、不動産向けが4分の1を占めています。

この背景には、日銀が導入した大規模金融緩和やマイナス金利政策による低金利の影響があるといわれています。

オフィスビルやマンションなどの不動産向け融資が伸びたほか、地価上昇で不動産投資信託（REIT）向け融資などが増えており、「バブルといえるような状況にはない」とはされていますが、地主による節税を目指した新築アパートの過剰な供給や、サラリーマン投資家への融資など、金融庁や日銀は「注視が必要」としていましたが、案の定、今年に入り新築シェアハウス投資会社の破たんなど、大きなトラブルが起こりました。

不動産投資ブームといわれて数年が経ちますが、私はここまで大きく融資額が膨れ上がっていることを知りませんでした。

最近、東京と関西間を移動することが多いのですが、とても需要が見込めないような郊外に、たくさんの新築アパートが並んでいます。

よく聞く話では首都圏の郊外でも新築アパートがたくさん建てられ過ぎて、「半年経っても空室が全く埋まらない・・・」なんて話もあります。

賃貸アパートが新しくつくられる理由は、地主さんが相続税の節税のために農地を有効利用するケースが多く、地主さんが建てた物件に対してアパートメーカーが一括借上げを行います。

よくあるセールストーク「一括借上げだから、空室でも家賃が入ります。安心ですよ！」を鵜呑みにした結果、トラブルになり現在ではオーナーによる裁判も起こっています。

それというのも、何十年一括借上げといっても、家賃の見直しは数年毎にありますし、購入したメーカー指定で割高な修繕を行わなくてはいけない・・・といったオーナーが著しく損をする契約が結ばれていることが多いのです。

先述した新築シェアハウス投資では、破綻の原因はサブリース賃料に比べて、実際の賃料の方が圧倒的に少なく、逆ザヤ状態を起こしていたといいます。その結果、サブリース賃料の支払いがストップした後に運営会社が倒産しました。

まだ土地のある地主さんであれば、こらえ切れる体力があるかもしれませんが、サラリーマン大家さんであれば共倒れです。

その他にも融資年数が伸びやすい首都圏の新築アパート。もしくは地方にある規模が大きいＲＣマンションなど、「融資がつくから」「買いやすいから」といった安易な理由で深く考えずに購入しています。

私は常々、お客様のいるところでなければ、アパート経営は成り立たないと言っていますが、地主さんでいえば「まずは節税ありき」、サラリーマン大家さんなら「まずは融資ありき」で、本来なら一番重視すべき賃貸需要が忘れられているように思えます。

誰も住まない部屋に、空気をためておいても何もなりません。

買うことばかりに夢中になって、「いかに稼働させるか」を忘れてしまえば、うまくいくはずがないのです。

少子高齢化ニッポンを救うのは「短期移民」

ここまでネガティブな話が続きましたが、明るい話題に移りたいと思います。

日本の賃貸需要は下がっていくばかり、地主さんもサラリーマン大家さんも、空室だらけのアパート・マンションに悩まされていますが、対してインバウンドは盛り上がっています。

昨年ほど大きく騒がれていませんが、訪日観光客数は順調に数を伸ばし、昨年は２４００万人を突破しています。

私が愛読している著者に、イギリス人の元ゴールドマンサックスのアナリストで、現在は国宝・重要文化財の補修を手掛ける小西工藝社代表取締役社長のデービット・アトキンソン氏がいます。

彼の著した『新・観光立国論』（東洋経済）によれば、現在の日本は、世界２４２カ国と地域の中、人口１億人を超える12カ国中10番目に位置しているそうです。

先述したように少子高齢化が進む日本では、どんなに楽観的な見方をしても、戦後の人口激増時代の反動で、人口激減の時代に入っています。

先進国はだいたいどこも人口減少の時代を迎えていますが、先進国の中でもとくに日本は人口の激減するスピードが速いそうです。


「一定の経済の基礎ができた先進国において、GDPは人口の増減によって左右される」とアトキンソン氏はいいます。つまり、日本が人口減少によってGDPが下がり生産性が落ちてくるのです。

裏を返せば「GDPを成長させたければ、人口を増やせばいい」ということにほかなりません。

一生結婚しない男女が増えており、出生率が下がっている国で人口を増やすためにはどうすれば良いのでしょうか。

政府は様々な少子化対策を考えていますが、どれも実を結んでいるとはいえません。やはり、人口の激減を止めるのは難しいのです。

そのため「移民政策」も話題になりますが、これも簡単にいくとは思えません。

現在、日本人で移民政策に積極的なのは、ごく少数派で、多くの人は抵抗があります。

実際、日本にとって移民政策は必要だと考える人でも、いざ移民が来ることになれば「治安が悪くなるのではないのか」と懸念することでしょう。

「移民政策をとらずに国民1人1人の生産性をあげていけばいいのではないか」という意見もあります。

その代表が安倍政権の成長戦略に掲げられた女性の活用「ウーマノミクス」です。

具体的にいえば、男性の就業率と女性の就業率を同じにするという話ですが、これが実現できている国は先進国では皆無です。現実的に難しいのではないかということです。

なかなか有効な手立てがないなか、移民政策以外に唯一、人口を増やす方法が「短期移民」だとアトキンソン氏は提案しています。

短期移民とは出稼ぎ労働者のことではなくて、「日本に住むことなく一定期間だけ滞在する外国人」と定義づけています。

短期移民は仕事をせずに、ただ日本国内で消費するだけです。つまり外国人観光客のことなのです。

一時的に遊びにくる観光客には、政治の問題、文化、風習、宗教で困ることもありません。

ただし、一定期間とはいえ日本に滞在するのですから、実態としては日本の人口が増えることになります。

つまり、短期移民であれば、「移民政策のデメリットを持たずして、GDPを上げる効果に期待ができる」とされています。

人口が右肩下がりで減っていく日本で、GDPを大きく成長させていく有力な方法としては、人口減少を補うほどの外国人観光客を受け入れる・・・つまり「観光立国」の道を歩んでいくということなのです。

私もこの考えに共感します。

日本の新たな産業としての観光――世界でも観光業は成長産業のひとつです。

これまでの日本の観光産業は内需、つまり日本国民に向いていました。

これが今や完全に外需、外国人向けに切り替えています。

アトキンソン氏は日本がもつ自然、文化、気候、食事など幅広い観光資源をふまえれば、現時点の日本の潜在能力でも5600万人は集客可能で、今後も世界の市場拡大を反映し、2030年には8200万人まで増加していくと、大胆な予測をしました。

そして、政府も目標値を大きく上方修正しています。それが、2020年の訪日外国人旅行者数4000万人であり、訪日旅行者消費額8兆円であり、地方部での外国人延べ宿泊者数7000万人なのです。

東京、大阪といった都市部だけに注目を浴びがちですが、じつは日本全国に外国人旅行客が訪れています。

人口10万人の町で、新たに人口を増やすのは難しいかもしれないですが、旅行客を増やすことができます。

私は地方の空室だらけのアパートを満室にするより、そのアパートやマンションを外国人旅行客に対して宿として提供していく方が将来性はあるように思えます。

というのも、アパートの空室対策は大家個人の問題ですが、外国人旅行客を呼ぶことは国策であり、各自治体も強く望んでいることだからです。

そこに乗らない手はありません。

政府は訪日ビザを取りやすくして、日本への観光需要を掘り起こす方針です。

現状で訪日客が見込める重点市場のうち、韓国や台湾、香港、米国など15カ国の地域はビザが免除されています。

これを観光ビザが必要な中国やフィリピンなど5カ国のビザ緩和を戦略的に進めていくとしています。

この夏には、中国人に対するビザ緩和を実施すると発表しました。

ロシア向けには期間中に何度も訪日できる数次ビザの要件を緩め、インドの大学生のビザ申請手続きも簡素化、フィリピンやベトナムのビザも緩和するという考えです。

このように今後もビザの緩和がされていくでしょうし、地方の空港に対する乗り入れも加速していきます。

このデービット・アトキンソン氏の新刊『新・所得倍増論』(東洋経済新報社)は、主に日本の生産性をいかに高めるかがメインとした内容ですが、非常に興味深いです。「ニッポンのこれから」に関心のある方は、ぜひ読んでみてください。

コラム

アパート大家になるまでの軌跡 ～夜逃げから自己破産～

私は父から相続したアパートと自分で企画した物件も含めて、世田谷・目黒を中心にアパート6棟61室と貸家4軒を所有する大家です。

その傍ら、不動産投資をはじめたい、物件を持ちたい・・・そんな大家さんと大家さん志望の方を対象とした勉強会を主宰し、アパートづくりのサポートをかれこれ10年以上行ってきました。

振り返れば、幼少のころから建築の現場に関わっていました。

というのも私は世田谷の工務店の次男として生まれたからです。父は小学校を中退すると大工の修行をはじめ、昭和21年に道具箱と米5升だけ持って上京しました。

大手建設会社の下請けなどをしながら資金を貯め、やがて独立して注文住宅を専門とする工務店を興しました。

受注はせいぜい年間5～6棟程度、多いときでも10棟くらいでしたが、仕事が丁寧と評判だったようです。

一度建てた人から再度依頼を受けることが多く、受注が途切れたことがありませんでした。

そんな父を持つ私にとって建築現場は、格好の遊び場でした。父の仕事振りを見て育ったので、アパート投資に取り組むとき、自然と建物にこだわっていたのです。

株で失敗。何もかも捨てて夜逃げ

現在は大家をしている私ですが、ずっと順

風満帆な人生を歩んでいたわけではありません。私は借金地獄から生還した人間なのです。

　原因は株の信用取引で失敗したことでした。

　学生のころの私は、ヨーロッパに留学して、そのまま移住するか、もしくは出版社に就職するか、それとも喫茶店を開くか・・・という若者らしい夢を持っていました。

　ひとつに絞りきれないまま、結婚をきっかけに大学を中退することになり、母親から出資を受けて、世田谷区内で喫茶店を開業しました。

　念願の夢のひとつが叶って嬉しいと同時に、思うように売上が伸びず、商売の厳しさを実感する毎日でした。

　そんななか、私の人生に大きな影響を与える出来事が起きました。店の常連客から株式投資をすすめられたのです。

「儲かるから、マスターもやってみないか?」

　当時はバブル景気の真っ最中でした。浮かれ気分の世の中のムードもあって、なんの知識もないまま、株に手を出してしまったのです。

　時代の後押しもあったのか、はじめたころは驚くほど利益が出ました。気が付けば本業の喫茶店の仕事も忘れて、株にのめり込んでいました。

　しかし、バブル崩壊で風向きは一気に変わります。

　気づいたときにはもう、後戻りできない状況・・・借金の額は、小さな喫茶店のマスターであった自分の支払能力を完全に超えていました。

　儲けを出したのはほんのひととき、自転車操業から破綻へまっしぐらです。

　店の売上を返済にまわしても足りず、親から譲り受けた財産を内緒で処分して借金返済にあてる日々。

　結局、駆け落ち同然で一緒になった妻とは離婚。私の喫茶店は母に内緒で他人に譲りました。

　大切なものをすべて失い、どうあがいても

それを二度と取り戻すことはできないという、絶望と後悔が私を襲いました。

持っているものをすべて手放しても借金はなくならず、最後は置手紙をして、ワンボックスカーに荷物を積んで家を出ました。夜逃げです。

終わりの見えない借金返済の日々

夜逃げした私は、すぐに働くことができる仕事として、タクシーの運転手を考えました。

幸いタクシー会社に入社できたのですが、会社には寮がなく、アパートを借りる資金もありません。仕方ないので社内の仮眠所やワンボックスカーで睡眠をとりました。

働いても働いても、給料の大半は残った借金の返済に消えていき、手元に残るのは、わずか数万円しかありません。


一箱200円の煙草代すら捻出できないため、すっぱり禁煙しました。

借りた金を返すだけの人生を送る日々に絶望し、自殺も考えました。

しかし、生命保険はとうの昔に解約済みで、保険金は1円も出ません。むしろ命を絶っても親に迷惑をかけるだけなのです。

そんなときに見つけたのが「自己破産」について書かれた一冊の本でした。暗闇の中に光を見つけたような気持ちでした。


1990年の夏、弁護士を通じて破産宣告を行うと、これまで毎月のように届いていた金融会社からの督促の手紙がパタッと途絶えました。

「ああ、これで助かった・・・」この日の夜は本当に久しぶりに安心して眠ることができました。

このとき、私は「もう二度と自分の人生を危険に浸すような馬鹿なことはしない」と、心に誓いました。

そして、愚直にタクシー運転手を続けながら、何とか生活を立て直すことができました。

二度目の結婚をしたのもこのころです。彼女の家に結婚の挨拶に行くと、父親は有名な大病院の外科部長を務めている人でした。

バツイチのタクシー運転手である私を、義父は黙って認めてくれましたが、ひとつだけ結婚の条件が出されました。

「実家との関係をきちんとすること」です。

散々迷惑をかけた親に合わせる顔はなく、「親に合うくらいなら、結婚を止めようか」とまで悩みましたが、結局、泣きながら謝り、許しを得ることができました。彼女とは無事に結婚することができました。

タクシー運転手からアパート大家に転身

結婚後もタクシー会社には10年間しっかり勤務して、個人タクシーの資格をとりました。ところが、これから個人タクシーでバリバリ稼ごうかというときに、事態は急変しました。

2002年に突然、父が亡くなったのです。

静岡で生まれ、孤児から裸一貫で上京した父は後に独立し、世田谷で工務店を開業しました。母と二人三脚で手堅く事業を行い、信頼を得たおかげで工務店経営は順調でした。

借金嫌いの性格だったため、工務店としては珍しく運転資金はすべて自己資金で賄い、工場や倉庫、自宅まで無担保・無借金で経営していました。

突然やってきた父の死は、家族にも、そして多分、本人にとって予想外のことでした。

まったく準備をしていなかったため、相続

争いや税務調査はあったものの、結果として私を含めた親族で父のアパートを引き継ぐことになりました。

そして、私はタクシードライバーを辞めて専業大家となりました。

生前、父の勧めで宅地建物取引主任者の資格を取得していたことも、意味があったのだと思いました。

こうして私が相続によって大家業をはじめてから、すでに15年前が経ちます。

最初はアパート5棟、合計22室でした。

そのほかに神奈川県川崎西多摩区に、約89坪の資材置き場だった土地があり、姉と二人で相続し、そこにアパートを建てることになりました。

その翌年、私のホームタウンであり、若者が憧れる世田谷・目黒の好立地に、同じく33平米のカップル向けの吹き抜けアパートを新築しました。私が土地から探し出して、すべてをプランニングした物件です。

これまでにないオシャレで住みやすい新築アパートということで、相場より高い家賃にも関わらず、あっという間に満室になりました。

そこで、はじめて「地主でなくても新築アパートはできる！」と確信を持ちました。

サラリーマン大家さんでも不動産投資はできる！

大家仲間やセミナーなどで知り合った投資家に自身のアパートの話をしたところ、「ぜひ、建てたい」「新築アパートを学びたい」と多くの声をいただき、サラリーマン投資家を対象とした勉強会をスタートさせました。それが、２００５年のことです。

今でこそ、新築アパートは融資も付きやすく、手軽に購入できる初心者向けの不動産投資と位置付けられていますが、当時は「サラリーマンが都内、それも城南地域で新築アパートを持つのは、夢のまた夢・・・」そんな風に考えられていた時期です。

そして、私の仲間であるメンバーさんたちが次々と夢を実現しました。

私がはじめて手がけたアパートも、つくってから10年以上が経ちましたが、絶え間なく満室稼動を続けています。これは絶対の自信があり、今でも全く心配はありません。

ただし、景気とともに不動産価格が高騰しだしてからは、同じ手法を続けるのが難しくなりました。

とはいえ、私のこだわりは立地です。

それも「東京でも絶対的に需要のあるブランド立地で、アパート経営をすべき」という理念でやってきました。

これは理想論ではありません。一時期進出した北関東や静岡での失敗という、実体験に基づいた結論です。

立地に妥協をせずに収支の合うアパート経営とは何かをつきつめたときに、閃いたアイディアが、賃貸併用住宅とシェアハウスでした。

とくに女性専用のシェアハウスでは、バックひとつで簡単に引越しをする「新しい住まい方」に着目しました。ここでも立地が重要で、世田谷・目黒から、さらにより良い立地として渋谷へと進出していきました。

東京の誰もが憧れるエリアにあるシェアハウス。家具家電の揃ったオシャレな新築シェアにリーズナブルに住めるとあって、たちまち大人気となりました。

シェアハウス、民泊を経て「旅館アパート」へ

女性向けシェアハウスは時流に乗ったのですが、またたくまにライバルも増えていきます。

競争力では他にひけをとりませんが、ここ数年で都内の土地価格が上がり過ぎました。

そこで、私は新たなる投資戦略を模索していました。

そんなときに出会ったのが「民泊」です。

少子高齢化が急速に進み、日本中に空き家と空室が溢れるなか、外国人旅行客は増え続けています。

シェアハウスはバックひとつで引越す女性がターゲットですが、旅行者もバックひとつで数日の滞在をします。

外国人と考えると構えてしまうところもありますが、根本的なところでは同じです。良い場所に居心地の良い部屋を提供することが肝心なのです。

詳しいところは本文に譲りますが、民泊を知ったときは「素晴らしいアイディアだ」と思いましたが、すぐに行き詰まりも感じました。

というのは当時、法的整備まったくなされておらず無法状態だったのです。

戦後の闇市のような混乱のなか、儲けに走る業者や民泊コンサルが多くいました。

しかし、私はあえて正々堂々と看板を出して営業する「旅館アパート投資」を行うことを決意しました。

アパートであっても宿であっても「大切なのは、いかに稼働させるか」です。

またアパートであれば月々の家賃は固定ですが、宿であればオンシーズンもあればオフシーズンもあります。

いってみれば旅館業ですから、ほったらかしで儲かる・・・なんてことはありません。

もちろんクリアすべき法令もあり、それなりにコストもかかります。

しかし、ある程度の障壁があるからこそ、そこに不動産投資としてのチャンスもあると考えています。

アパート経営に関わって16年、不動産投資家をサポートして13年、そして「旅館アパート」をはじめて3年目。まだまだ試行錯誤を繰り返していますが、私は走り続けています。

第4章

「旅館アパート」投資の考え方

第4章では、ただ所有しているだけの使っていない空き家、それから空室の多いアパートの有効活用としておススメの「旅館アパート」投資、これから不動産投資をはじめたい人にも向いています。

「旅館アパート」について基本的な仕組みや考え方について、わかりやすく解説します。新しい不動産投資のヒントになればと思います。

旅館業の定義　旅館業は4種類がある

そもそも旅館業とは「宿泊料を受けて人を宿泊させる営業」と定義されており、「宿泊」とは「寝具を使用して施設を利用すること」とされています。

旅館業は「人を宿泊させる」ことであり、生活の本拠を置くような場合、例えばアパートなどは貸室業・貸家業であって旅館業には含まれません。

また、「宿泊料を受けること」が要件となっており、宿泊料を徴収しない場合は旅館業法の適用は受けないのです。

なお、宿泊料は名目のいかんを問わず、実質的に寝具や部屋の使用料とみなされるものは含まれます。

例えば、休憩料はもちろん、寝具賃貸料、寝具等のクリーニング代、光熱水道費、室内清掃費も宿泊料とみなされます。

旅館業法は厚生労働省の管轄となり、旅館業には次の4種類があります。

4種類の旅館業

・ホテル営業　洋式の構造及び設備を主とする施設を設けてする営業である。
・旅館営業　和式の構造及び設備を主とする施設を設けてする営業である。いわゆる駅前旅館、温泉旅館、観光旅館の他、割烹旅館が含まれる。民宿も該当することがある。
・簡易宿所営業　宿泊する場所を多数人で共用する構造及び設備を設けてする営業である。例えばベッドハウス、山小屋、スキー小屋、ユースホステルの他カプセルホテルが該当する。
・下宿営業　1月以上の期間を単位として宿泊させる営業である。

そうした旅館業のなかで、私が提案する「旅館アパート投資」は、旅館業でいう簡易宿所営業に該当します。

簡易宿所については、旅館業法の中ではもっともハードルが低いとされています。

原則としては、国の定めた旅館業法簡易宿所営業の法令がありますが、具体的な部分は各自治体が要綱を定めています。

例えば、収容人数に合わせてトイレや洗面所の数が決まっていたり、防火基準も高く設定されています。

詳しいところは自治体によってルールが変わりますが、検査を受けなくてはいけないため、民泊に比べては格段に手間とコストがかかります。

とはいえ、2016年の4月にはこれまであった33㎡という床面積の基準は定員10名以下であれば1人3・3㎡とかなり緩和されました。

簡易宿所にもたくさんの種類があり、ペンションや民宿といった家族経営で行う小規模な施設もあれば、ユースホステルやカプセルホテルのような業態も含まれます。

きちんとしたホテルでなく、簡易宿所みたいな小さな宿泊施設に外国人旅行客が来るのか・・・そんな心配があるかもしれません。

私たち日本人が想像する以上に、外国人旅行客は様々な旅を楽しんでいます。

民泊のように日本の一般家庭に宿泊したい・・・、大浴場のあるカプセルホテルに泊まってみたい・・・といった、日本人から見れば、「どうしてここへ泊まりたいの？」と思われるようなニーズがあります。

その一方で外資系高級ホテルの日本進出も続いていますから、これはもう宿泊への選択肢が多様化しているのだと思います。

どれだけ高稼働するか？　ヒントはコインパーキング

外国人は日本人からすると、思いがけないところでも観光に出向きます。

そういった多様なニーズを不動産投資のなかにどう取り込んでいくのかを考えなければいけません。

せっかく良い立地や風景があるなら、そこを活かしたやりようがあるのではないかと思います。

空き家やアパートを所有している人に対しては、「ただ持っているだけじゃダメですよ」という話をしたいのです。

ここで可能性を考えてみましょう。

政府の目標である訪日外国人旅行客が４０００万人以上となれば、今の2倍の外国人が来ることになります。

賃貸マーケットでは東京への一極集中が見られますが、旅行となれば別で、全国がターゲットです。

そこへ向けて「旅館アパート」をアピールすれば、朽ちていくだけの空き家がお金を生み出す収益物件に生まれ変わるのではないでしょうか。

基本的な考え方としては駐車場です。

例として、同じ面積の駐車場2台があるとします。1台を月極駐車場として月額2万円で貸し出せば、借り手がいなければ0円、たとえ満車になったとしても月2万円の売上以上に稼ぐことはできません。

これがコインパーキングで1日最大2000円とすれば、1カ月最大6万2000円、つまり3倍にもなります。

可能性からいえば、場所さえ選べば月極駐車場のように0円になってしまうことはほとんどありません。

もちろん、月の売上が数千円に冷え込む時期もあるでしょう。

しかし、高稼働すれば月極駐車場の3倍稼げるチャンスがあるのです。

これがコインパーキングの考え方です。

もし、空き家を1日5000円で貸して10日稼働すれば5万円です。0円だった物件が5万円も稼げれば、大きな話です。

空き家で固定資産税ばかり払うよりも、少しでも現金を稼ぎ出してくれたら、良いではありませんか。

これが借家で月額家賃5万円であれば、満室であっても5万円止まり。10日稼働で5万円、15日稼働で7万5000円、20日稼働で10万円です。

昨今の不動産投資ブームの中で、戸建て投資が人気を集めています。たしかに地方にある築古の戸建ては安く売っていますし供給量もあります。

逆にいうと売主側になれば、安く買い叩かれてしまうのです。それが、旅館アパートとして運用することで、少なからず収益が得られます。

それこそ浅草にある旅館アパートは、普通賃貸で高くてもせいぜい月の家賃収入14

万円のところ、ひと月に54～58万円の売上があります。自分で運営すれば収益率は非常に高いのです。

このように普通賃貸の3倍、4倍と稼ぎ出している旅館アパートがたくさんあるのです。

少し意識を変えるだけで、お荷物だった空き家や、なかなか埋まらない空室だらけのアパートがお金を生み出す金の卵に化けていくということです。

現在、空き家を持っている人であれば、ぜひ有効利用を検討してください。

戸建て投資を行うのであれば、需要のある地方でファミリー客、グループ客をターゲットにします。

戸建てにはいくつか利点があります。

アパートなどの集合住宅に比べてリフォームしやすく、簡易宿所にするのもやりやすいのです。

そもそも普通の借家にするとしても、アパートなどの集合住宅に比べたら、圧倒的にラクです。というのもアパートでいう共有部がありませんから、敷地内の面倒を見なくていいのです。

草むしりや庭木の剪定は入居者が行いますし、設備が壊れたとしても、自分で直す入居者も多いと聞きます。

というのも、借家の場合は一軒丸ごとなので、我が家のように住む人が多いからです。

そういう点が戸建て投資のメリットとされていますが、結局のところ地方では高い家賃で貸せませんし、逆に都内では住宅の値段が高いため収支が合いません。

そのため、自分の戸建ての特徴を見極めて、旅行者向けに貸し出すことを検討してみましょう。

なにしろ地方の戸建てはある程度の広さがあっても、せいぜい5万円程度しか借り手がつかないのです。これを旅館アパートとして貸すことで、より大きな収益を得ることが可能です。

3タイプの「旅館アパート」

では「旅館アパート」をタイプ別にご紹介します。

これは私が実際にプランニングしている例です。

基本的には、もっとも行いやすいのは戸建て住宅です。新築でもいいですし、築古物件も再生することが可能です。

また木造の集合住宅でも場所がよければ4世帯の旅館アパートができます。

今、京都で進めているプロジェクトに4世帯型の新築旅館アパートがあり、月の売上予定が180万~200万円以上見込まれています。

その他にプランニングとしては戸建てリノベーション1世帯型と、戸建て新築2世帯型があります。

旅館アパート3つのプラン

・戸建て1世帯型
・戸建て2世帯型
・簡易宿所複数型（集合住宅）

簡易宿所複数型は、最初から簡易宿所として新築を建てるだけではなく、中古の賃貸物件をフルリノベーションすることもできます。

これらは巻頭カラーページにて、写真でご紹介していますので、ぜひご覧ください。たとえ中古物件であっても、内装に古さは残していません。

また、旅館アパート投資を行うにおいて、もっとも大事なことは用途地域とそれぞれの行政のルールです。

というのも簡易宿所の営業許可ルールは行政によって変わってきます。

大前提として用途地域があり、旅館業が可能な地域なのか、延床面積100㎡以下か以上でも変わってきます。あとは外国人旅行者から見て需要がある立地かどうかです。

ホテル・旅館が建築可能な用途地域

・第一種住居地域（当該用途に供する部分が３０００㎡以下）
・第二種住居地域
・準住居地域
・近隣商業地域
・商業地域
・準工業地域

どんな土地を選んだらいいのか？

では、実際にどのように旅館アパート用の物件・土地を探すのかについて解説します。
まずは東京からです。

渋谷駅周辺はホテルの需要が圧倒的に多いにも関わらず、土地が高額なため昔からホテルが少ないエリアです。そのため強いニーズがあります。

渋谷駅といっても駅数分の立地ではなくて、1駅～2駅で渋谷に出られるような立地が旅館アパートに向いています。

具体的にいえば、渋谷区・目黒区・世田谷区あたりです。この周辺には戸建て住宅を欲しがる層が多いため、旅館アパートとして購入しても最終的な出口はマイホームとしての売却が考えられます。

ただし、十分に旅館アパートとしての利用価値はあります。

10年前なら東京の東と西の、土地価格の格差が激しかったものです。いわゆる西高東低です。

ところが今や浅草や上野エリアの価値が上がり、同等に並んでいます。

浅草でも坪350～400万円する土地が出てきています。かつての西高東低が、現在はほぼ互角になってきているのです。

理由としては東部エリアの利用価値が出てきたからです。

それが証拠に、最近の若者たちは東部エリアでカフェを開いたり起業をします。加えて海外からの旅行客・・・やはり外国人は江戸文化の残っている浅草方面へ足を運ぶケースが多いです。

それでは東エリアが西と同じ価格になったとき、日本人のマイホーム用地を求める人がどれくらいいるのでしょうか。

東京以外の地方からやって来た人たちが、東と西のどちらを買い求めるのか。圧倒的に世田谷や目黒に住宅用地を求める人が多いのではないかと思っています。

ただしお蕎麦屋さんやブティックなど、お店を出す場合ではどちらも互角でしょう。そこはご自身の好き嫌いの判断になります。

続いては京都です。京都の街は狭い盆地ですし、高さ制限も厳しく定められていますから土地が高騰してしまいました。

住宅しか建てられない専用住宅の土地価格は上がっておらず、簡易宿所が建てられる住居地域だけ跳ね上がっている二極化の状態です。

これが数年前ならとてもお買い得だったのです。このまま東京の地価に近くなっていくのなら、今から京都ではじめるよりも、東京のほうがいいのではないでしょうか。

京都の場合、どうしても季節による収益の変動はあるのですが、東京ではそれに左右されません。

京都の場合、夏はともかく、春の桜や秋の紅葉シーズン以外は収益が谷になったり山になったりと、その落差が年間を通して多過ぎるのです。

その点、東京は一年中安定的に観光客がやって来ます。東京と京都の土地価格の差が、やはり宿泊価格、つまり売上に表れている感じがします。

同じく関西にある大阪もインバウンド需要は多いのですが、旅館アパート向きではないと考えています。

というのも大阪は容積率が大きい土地が多く、高層の建物ビルが建ちやすいのです。

つまり、ライバルとなるホテルが建ちやすい環境にあります。

そもそも賃貸物件に関しても、東京に比べてより多くの物件が空室で余っており、家賃の価格帯も地方都市なみに低いのです。

たとえば東京23区であれば、たとえ風呂なしでも家賃3～4万円はします。それが大阪市内の住まいになると平気で家賃3万円を切ります。要するに賃貸物件が供給過剰なのです。

その点、普通のアパート・マンションを転用して運営することを思えば、旅館アパートの方がまだ稼働率が良いように思えます。しかし、利便性のよい立地に新規のホテルが建ちやすいということから、あくまで小ぶりの旅館アパートを建てると考えた場合、将来的なニーズが見えにくくあまりおススメできません。

狙いめは「条件の悪い土地」

京都の話が続いて恐縮ですが、ホテル用地がないといわれる京都で行う旅館アパート投資では、路地にあるような立地でも建てることができます。

京都の街は道が細くて、再建築不可といって建て替えのできない土地もたくさんあります。

また、建築可能でも連棟住宅が多くて、間口が狭くて奥行がある、いわゆるウナギの寝床のような使いにくい土地が多いのです。町家を思い浮かべていただければ、そういう形状をしていることがわかると思います。

そこで私は京都本来の建て方に合わせて、坪庭のついた建物をプランニングしています。イメージでいえば、現代版の町家です。

土地の広さはせいぜい15坪から20坪程度になりますから、そういった狭い土地には普通のホテル業者は進出しません。

そもそもハウスメーカーの住宅ですら建てられないのです。というのも、ハウスメーカーが得意とするプレハブ住宅は敷地側に余裕がないと建てることはできません。やはり日本の在来工法が一番適しているのではないでしょうか。

このような事情もあって、京都は思いのほか地場の工務店が多いのです。

私が依頼している工務店もそうですが、小さくてしっかりとした技術を持った会社が沢山あります。

なお連棟住宅の壁を壊した場合には、壊した側が両側の壁をつくってあげるのが京都のルールといいます。最近それをしない人がいるらしく、揉めているという話も聞きます。

新規取得は「立地」がすべて！

「旅館アパート」には、所有している空き家や空室にあるアパートを有効利用する方法と、新しく取得（中古物件・新築物件）の2種類があります。

また、そのタイプにも3タイプあることを解説しました。

すでに所有している物件を使って旅館アパート投資を行うのであれば、売り上げ目標は、これまでの家賃の5割増しといったところでもいいでしょう。

いってみれば、「空き家でほったらかしにしておくよりも、いくらかの収入があればいい」「これまでの家賃よりも少しでも多く増えればいい」という感覚です。

このように今ある自分の物件を使う場合は、資産の有効利用ですから、融資を受けてはじめない限りは、そこまで収益について、シビアにならなくてもいいと思うのです。

それが、新規取得となれば話は別だと考えます。

そこはビジネスとして、冷静に考えてほしいと思います。

新しく物件を取得するということは、新しく事業をはじめるのと同じこと。むしろシビアに考えなくてはなりません。

そこで一番に重視するのは立地です。そもそも、どこで投資を行うのかは最重要事項となります。

旅館業ですから、「旅行客が訪れるところ」ということに、しっかりとフォーカスしましょう。

❊入居者と旅行客を比較すると・・・

アパートや貸家など賃貸物件と旅館アパートのもっとも大きな違いでいえば、旅館アパートは旅館業簡易宿所の許可を取得します。

それにより、世界的に有名なホテル予約サイトに掲載ができます。すると、まず問い合わせが桁違いに増えます。

賃貸物件もスーモやアットホームといった専用サイトがありますが、あくまでその地域で住まいを探している入居者です。

全世界で日本を旅行先と考えている外国人旅行者と比べればパイが違います。

たしかに民泊も同じように外国人旅行者をターゲットにしていますが、結局のところ民泊であれば、民泊サイトを通じての集客しかできません。

旅館業の許可を取得することで、日本の宿泊サイトのみならず、全世界をターゲットにしたあらゆる媒体への掲載が可能となります。

代表的な海外宿泊予約サイト

「ブッキングドットコム」http://www.booking.com
「エクスペディア」https://www.expedia.co.jp
「トリバゴ」http://www.trivago.jp/
「ホテルズドットコム」http://jp.hotels.com/
「アゴダ」http://www.agoda.com/ja-jp

旅館業は普通のアパート経営に比べて、手間もコストもかかります。しかし、投資目線でいえば、参入障壁が高いほどライバルが来ないというのも重要なキーとなります。

先述したとおり、税制改革や金融緩和の影響もあり、不動産投資を簡単にはじめられる環境が整っています。

本来の不動産投資は、資産家や地主のもの。サラリーマンが不動産投資をはじめるためには、知恵と工夫をもってして取り組んだものです。

それが今や、ある程度の年収があるサラリーマンであれば、簡単に融資が受けられ、気軽にアパート経営をはじめることができます。

しかも、融資の年数が伸びやすいということで、新築アパートが人気です。

その結果、アパートの過剰供給が問題視されています。

現状ではじめるのは容易ですが、不動産賃貸業で勝ち続けていくのが難しい状況となっています。

賃貸一本で戦うのであれば、私がかねてから提唱している都内にある「最強のブランド立地」でなければ難しいと思います。

しかし、視点を変えて「旅館アパート」にすることで、対象が大きく広がるのです。

だからこそ、立地が重要になってきますし、旅館としてのサービスの質も問われます。

つまり、自宅で民泊を行うような感覚とは別物になります。

今はたしかに民泊も流行っていますが、やはり多くの旅行客はホテルに宿泊します。

また、ホテルサイトには、ホテルランクがありますから、旅行客が予算に合わせてランクの選択をすることができます。

その辺は賃貸物件と似ていて、同じ立地でも家賃3万円の部屋と家賃6万円の部屋、家賃10万円の部屋では、築年数や設備、間取り、デザインそのすべてが変わってくるものです。

ホテルについても当然、ファイブスターの高級ホテルもあれば、星ひとつのゲストハウスや民宿もあるのです。

予約時点でそれを承知していますから、トラブルは少ないのです。

1泊3000円のゲストハウスに泊まって「ルームサービスがない！」とクレームを出すお客さんもいないでしょう。

その点からいえば、歴史の浅い民泊に比べて、しっかり仕組みが整っていると感じます。

また同じ旅館アパートをホテルサイトと民泊サイトに掲載して比較したところ、民泊よりは明らかにホテルサイトのほうが高い宿泊費でも多くの予約が入りました。

そこからいえることは、やはり宿泊者数のパイが違うのでしょう。

その代わり、ホテルサイトに掲載されている以上、許可を取得した「ホテル」と見なされますから、いい加減な対応はできません。

しっかりとした建物、設備を備え、プロとしての対応を行うことが前提です。

次の5章では「旅館アパート」のつくり方、6章では「運営テクニック」をお伝えします。

Airbnbスーパーホスト たえこさんインタビュー

本書では投資として、旅館業の営業許可をとった旅館アパートをおススメしていますが、自宅の一室を解放して民泊を行うようなやり方もあります。

これまでは法整備が整っていませんでしたが、6月15日施行の民泊新法によって明確にルール化されました。

私の考えでは、投資ではなく国際交流で行うような民泊は、また別のものだと考えています。

しかし、現状では第1章で解説したように締め付けを強める傾向となっています。そうしたなかで、民泊ホストがどのような状況におかれているのか、リアルな声を聞いてみました。

プロフィール

たえこさん

2014年に所有するアパートの1室で民泊を開始。その後、自宅の空き部屋を利用してホームステイ型の民泊も行う。ゲストと食卓を囲む「おもてなし」が高評価を得てスーパーホストに。『Airbnb（エアビーアンドビー）で叶えるユニークな暮らし』（Airbnb Japan著・ネコ・パブリッシング）にも掲載されている。

定年退職後に見つけた生き甲斐

たえこさんが民泊をはじめたきっかけをお聞かせください。

たえこ　私は自宅と所有しているアパートで民泊をしています。仕事を辞めて母の介護生活に入り、その介護も終了してからはじめたのですが、あくまで趣味のレベルですよ。もともと相続で継いだアパートがあったので部屋を人に貸すというのは身近なことでした。

そもそも民泊という存在を知ったのは2014年です。同じく賃貸業をしている弟から「やってみれば・・・」と言われたのですが、最初に内容を聞いたときは、そんなこと自分にはとてもハードルが高くて無理だと感じました。

見ず知らずの外国人を泊めるなんて抵抗もありましたし、空いているアパートのお部屋を利用するといっても、前から住んでいる入居者さんたちに迷惑をかけてしまうんじゃないかと心配になりました。

ところが、そのようなタイミングで私の娘が妊娠をして、勤めていた会社を1年間産休することになったんですよ。彼女のほうが先に民泊に興味をもち、「面白いからやってみようよ！」と勧めるんです。

娘は短期だけれど留学の経験があり、プライベートでよく海外旅行にも出かけていました。私とちがって外国人に対する抵抗はありませんでした。

こうして私たち夫婦と娘の3人で民泊をすることにしたのです。

最初はアパートの1室だけでスタートしました。そのうち隣りの部屋が空いたら、そこも民泊にするという感じで、所有するアパートの中で増やしていきました。

私たちリタイヤ世代にはぴったりの投資で

すし、それに家族でできるファミリービジネスだと思っています。

ご自宅での民泊をはじめたきっかけは？

はじめてみると外国の人との交流が楽しくなってきました。

短期滞在の旅行者は観光がメインで忙しいけれど、長期の場合はスケジュールにも余裕があります。

日本の家庭料理を楽しみにしている人が多いと聞いたものですから、気の合う旅行者は自宅へ招いて夕ご飯をふるまったりするようになりました。

多くの外国人旅行客の皆さんと接しているなかで、私達夫婦も「外国人だから・・・」と臆することもなくなりました。

そんなある日、アパートに泊まりに来ていたインドネシアの3人が「明日は泊まるところがない。どうしよう・・・」と途方に暮れていました。

アパートの民泊は満室でしたので、思い切って自宅に泊まってもらったところ、とても喜んでくれたんです。自分の家のようにリラックスしてもらえたんだと知り、それからは自宅でも民泊をはじめることにしました。

運営は代行会社に頼むことなく自主管理でやっています。ただし3～4室同時にチェックアウトされるとシーツの洗濯が間に合わないので、そういうときだけ外注に頼んでいます。

住宅街で行う民泊に対しては近隣からクレームが出やすいと聞きますが？

たしかに私たちは新宿や渋谷といったような繁華街ではなく、住宅街で民泊をしています。

でも近隣住民からのクレームはありません

でした。というのも、それは私たちがアパートに泊まる人も自宅に泊まる人にも自らが送迎サービスをしているからです。

よくある苦情で、夜中にスーツケースをゴロゴロと転がす音があります。また、話し声が騒がしいというクレームもあると認識していましたから。

それらに対して私はお部屋の鍵を自分で開けてあげますし、設備の使い方やゴミ出しのルールも全て説明しています。

正直いって車での送迎もラクではありません。日本人は時間を守るのが普通ですが、外国の方のなかには時間の認識が違うケースもありますから。

最初のころは約束の時間にルーズだったり、乗り間違えたりするのは日常茶飯事でした。

それが最近ではポケットWi-Fiを持っている人も多くなり、連絡を小まめにとるようにして未然に防いでいます。

例えばお客さんが成田空港に到着したら、これから彼らが乗る成田エクスプレスの切符の写メを送ってもらうようにしています。切符に記載された到着時間がわかれば、こちらも駅まで迎えに行きやすいですから。

ただし、こちらが送迎サービスをしていることは公表しておりません。あくまでもサプライズでやっていることなんですよ。

チェックアウト時も駅まで車で送ります。これは始発電車に乗りたい人にも対応しています。

アパートは駅から徒歩で8分かかりますが、この距離なら日本人や欧米人は文句を言いません。しかし中国人からすれば5分以上もかかると遠いと感じるようです。

だから駅まで送ってあげると喜ばれますよ。些細なことかもしれませんが、こちらも仕事感覚ではなくて「国際交流をしている!」という意識でやっています。それが結果的にレビューへ反映されるんですね。

民泊新法に対して どのようにお考えですか？

最初はいい流れになるだろうと嬉しく思いました。

周囲からグレーゾーンと非難されていたものが、これからは堂々とできるようになるので1日でも早く整備されるといいなと願っていましたから。

ところが、民泊新法の内容が明らかになるに連れ、あまりに規制が厳しいことに驚きました。

年間営業日数が180日に制限されているではありませんか！

これでは1月で2カ月分を稼がなければいけません。あるいは規模を半分にしてやっていくしかか打つ手がありません。

保健所への届出はしていますが、満たすべき要件が多いですよ。

これまで自主運営でやってきましたから、管理業者への届出もしています。管理業者はそこまで大変ではないけれど、何かトラブルがあったときに駆けつけてもらえる人材が必要になります。

我が家が私と夫、娘の3人態勢ですが、サラリーマンが片手間に副業でやる余裕などないでしょうね。それを専業にしなければならないと感じました。

ましてや我が家のあるS区のような住宅専用地域ともなれば、年間の営業日数が120日までと制限されています。

これではほとんど利益が出ませんよ。まだ私の場合は自分が所有するアパートなので、国際交流を楽しみながらやっていけるのですが。

民泊新法施行以降は どのように運営する予定ですか？

まずは届出を行い合法のなかでやっていくことが第一の目標です。

そのなかで、今年度に関しては、稼働日数は後94日しかありません。

どういうことかといえば、２０１８年度は４月１日からカウントされます。そうなると施行時点で稼働可能な日数が94日になってしまうという計算です。

このような厳しい条件下でどのように稼働させるのかが今後の課題になりますね。幸いにも私はこれまでの経験値がありますから、「このシーズンはお客さんが多いから営業しよう」「この月は少ないから閉めた方がいいな」という判断ができます。

また、稼働日数が少ないわけですから、その部分は宿泊費に反映する方向になるのではと予想しています。

６月以降は、他のホストさんたちも同調して横並びになるでしょうから全体的に宿泊料が上がると想像します。

そのような宿泊料の微妙なさじ加減も経験値がなければコントロールが難しいでしょうから、とても新規で参入してくる人たち、とくにお部屋を借りて民泊を行っている人は苦戦を強いられると思いますよ。

厳しい条件はホームステイ型にも影響しますか？

はい。そもそも、普通に宿泊するだけの人と、その国の一般の人の家に泊まりたいというニーズは明確に違います。

これまでなら商品やサービスを購入する消費活動、いわゆる「モノ」を望んでいたのですが、最近では明らかに体験することを重視した「コト消費」が増えてきています。

ホームステイ型の民泊は、まさに体験を味

わえるわけです。

ですから私たちのような国際交流を主としている民泊を、国が保護してくれたら助かります。

やたらと派手に書き立てるマスコミは民泊の弊害しか訴えません。

私たちの住むS区の条例で住居専用地域で民泊を行うのは、最初こそ土・日・月曜のみ年間120日実施可となっていました。

しかし外国人観光客は日本人のように、週末に限定して旅行をするわけではありませんから、断固反対運動をしました。

私たちのように民泊を通し、草の根で国際交流していることを区議会議員に訴えました。その存在を初めて知ってくれて、区長が条例を変えてくれる方向に進めています。

今後の動き次第で変わっていく可能性は十分に考えられますね。

稼働日数も120日から180日にすべく、住宅宿泊事業法の実施される前から一生懸命に奔走しているところです。そのため「民泊de国際交流の会（仮称）」を立ち上げ、ホスト（事業者）としての意識を高め、区民にも理解してもらおうと活動をはじめました。

この活動が実れば、S区では1年後に120日から180日へ見直してくれるでしょう。そして、国の提唱している「180日」も3年後には見直してほしいと考えています。

しかし、ここまで厳しくなれば、日本で予約・決済をしないというような方法で「ヤミ民泊」が横行しそうですね。

国内各地の空港を拠点に、中国からの観光客を当て込んだ在日中国人による違法な「白タク」が横行して問題になっています。

じつは民泊業界でも、これと同じやり方が流行っていると聞きます。

旅行の予約を中国で決済してしまい、空港からは白タクで民泊にやって来ます。これでは日本にまったくお金が落ちませんし、日本のマナーも守ってくれません。

中国のお金持ちが日本のアパートを買って、在日中国人に管理をさせているのですがゴミ捨てマナーが劣悪の所もあるそうです。昨年参加した区の民泊検討会で問題となっていた話です。

ゴミをまったく分別しないから清掃局が収集してくれず、近隣住民からクレームが出ています。

それなのに保健所や清掃局は、大家さんが外国人だから何も手を打つことができない状況です。そうすると最終的に警察へ相談が持ち込まれます。

正しく民泊を運営しておれば、そこまでの問題は起こりません。

しかし規制が厳しくなり過ぎると、もぐりが参入して酷い経営をする。そして問題が深くなっていくといった悪循環です。

もちろん民泊を行っている中国人にも、いろんな人がいることは確かです。一括りにはできませんが厳しくし過ぎたあげく、こうした違法民泊が増えていく可能性は拭いきれないでしょうね。

私たちは法律を守って正しい民泊を行いたいと考えています。

とくにホームステイ型のホストは、ビジネスとしてではなく、国際交流を主としており、家族ぐるみでの経営が多くを占めます。

同じように外国人を宿泊させる施設ではありますが、いわゆる旅館業とはまた別のものだと考えています。

6月から施行される条例のもとで行う民泊は投資には向きませんが、リタイア世代が自宅で行う事業としては新たな生き甲斐を見つける仕事になると思います。

もっと気軽に民泊ができるよう、行政や近隣住民の皆様の理解を求めたいです。

第5章

「旅館アパート」の建築

外国人旅行者向けの「旅館アパート」(=簡易宿所)は、少ない滞在とはいえ、快適に過ごせる物件、そしてオーナーさんにとっては、メンテナンスが少なく省エネで、火災に強く収益をあげられる物件である必要があります。

そのため私がサポートする「旅館アパート」の建築では、「『旅館アパート』だからそれなりの建物でいいだろう・・・」という考えとは真逆の「『旅館アパート』だからこそ、建物をしっかりつくるべき」と考えて、それを実行してきました。

躯体から外観、内装、設備にいたるまで全貌を公開いたしますので、ぜひ参考にしてください。

1 基礎、躯体

①基礎

　あらかじめ地盤調査と構造計算を行い、結果によっては地盤改良をしてから基礎をつくります。

　アパートの基礎は大きく分けて「布基礎」と「ベタ基礎」があります。布基礎は現在一般的ではありませんが、一昔前の一戸建て住宅や木造アパートに広く使われていました。

鉄筋コンクリート造で断面が逆T字型をしており（この部分をフーチングと呼びます）、この布基礎の上に土台を載せて、その上にさらに柱や壁を組み立てていきます。

②配筋

基礎配筋は建物の土台となる非常に重要な部分です。

例えば、コーナー部分では立ち上り部分の主筋（水平方向）が重なる部分の長さ（定着長さ）が十分であるかを基礎の上端と下端の双方で確認します。

十分な強度を得るためには、鉄筋直径の35倍以上の定着を取る必要があります。であれば、鉄筋の重なりは300ミリ以上確保します。

また、コンクリート打設前の最後の作業として、「スラブ配筋」があります。スラブとは、床・屋根・ひさしを指します。下端主筋、下端配力筋、上端配力筋、上端主筋の順番で配筋を行います。

なお、白岩流の「旅館アパート」では、配筋下は上がってくる湿気を防ぐため防湿シートを敷きます。鉄筋はシングル配筋で200ミリ間隔、鉄筋の耐久性を得られるよう60ミリのかぶり確保するためサイコロ状の物を敷設します。基礎の開口部分は、鉄筋を増やして補強をします。

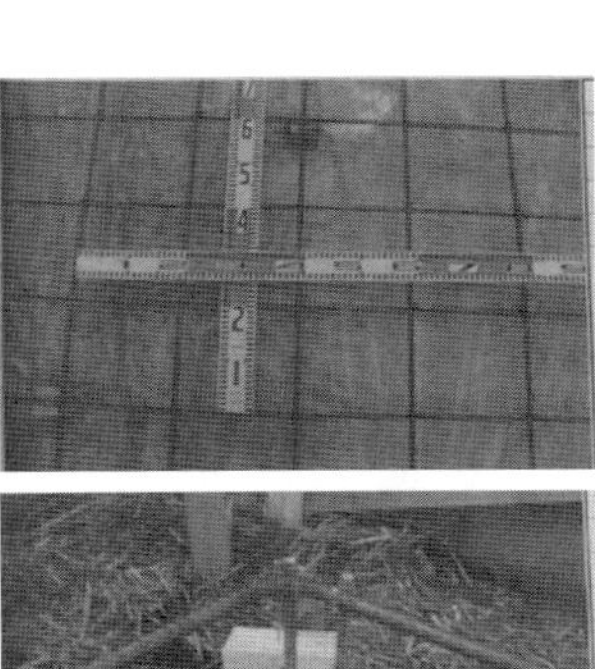

③土台

防蟻処理した材料をアンカーボルトで緊結します。

基礎幅は135以上ミリで、ジャンカ（コンクリート打ち込み不足によるデコボコ）がほぼない状態にする必要があります。

鉄筋を基礎の中心に、アンカーボルトを土台の中心位置に配置　ねずみなどが入らないように床下換気は基礎パッキンを使用（土台と基礎の間にある黒いもの）します。

④柱

垂直かどうか、そして接合部の金物が適切なもので、きちんと取り付けられているかを確認します。

土台、柱共に桧を使用します。その際に割れなどないか確認する、防蟻処理をする、筋違と柱の取り付けの確認をします。

⑤屋根

軒先から空気を吸い込み棟から排出する「棟換気」をすることによって、夏の暑さも大分違いますし、結露リスクも減って屋根躯体も長持ちします。

くわえて雨漏り、外壁保護を考えできるだけ軒の出を確保します。

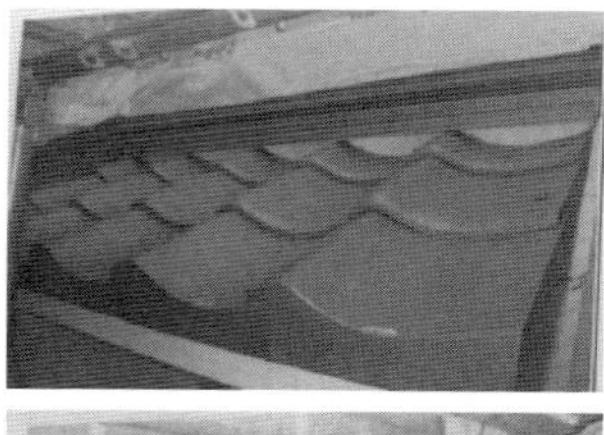

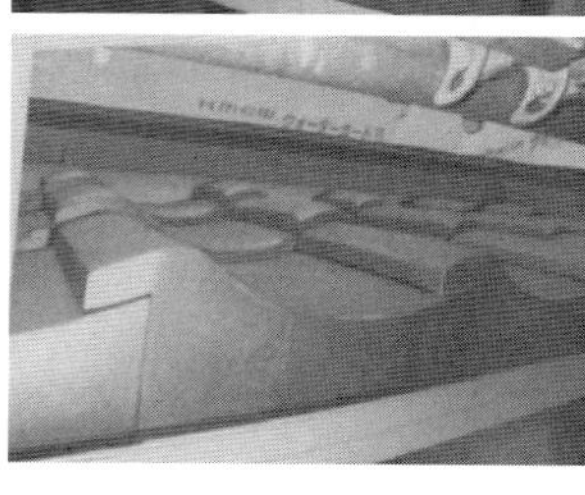

⑥防水シート

シートの重なりが十分取れているかを確認しながら、外壁防水シートをしっかりと張り巡らせます。

なお屋根の形状はシンプルな切妻の屋根を目指していますが、土地の形状や高さ制限によってケースバイケースになります。

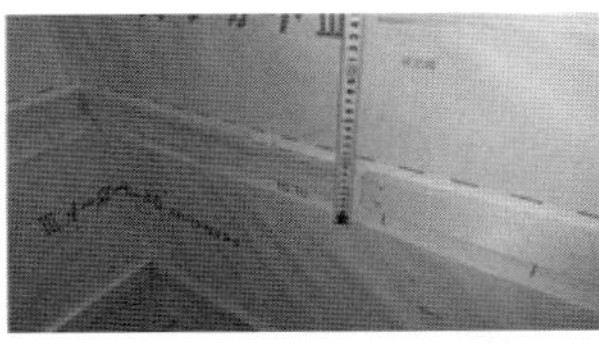

⑦断熱材

屋根の断熱材ですが、旅館アパートは高性能グラスウールを使用し、室内側に防湿シートを張ります。寒さ、暑さ、湿度対策、光熱費削減の断熱等級2相当としています。音の対策として上下階、隣室界にも遮音シートを併用して充填します。

⑧防蟻処理

木造住宅にとって、もっとも危険な敵は白アリです。しっかりと防蟻処理を施す必要があります。工場で、処理される部分以外で筋違、構造用合板などは現場で塗布しています。

⑨通気工法

最近の住宅は、高気密高断熱化が進んでいるため、冷暖房の効率が良いことが特徴ですが、内部結露といった問題も発生しています。

冷房や暖房で適温になった空気も逃げにくい反面、同時に湿気も逃がすことができません。木造住宅の場合、室内で発生した湿気が壁紙を通過して内部にまで入りこみ、そこで結露になってしまいます。それが内部結露です。

結露によって壁内の木材が腐ってしまえば、建物の耐久性を低下させますし、室内にカビが大量発生するケースもあります。それを防止するために考え出されたのが外壁通気工法です、外壁に空気が入ったり出たりする空気の出入り口をつくっています。

⑩外壁

外壁塗装の際に考えなければならないのは、劣化を抑えるための塗料や工法です。

外壁材には「サイディング（セメント質と繊維質を主な原料）」を使用し、準耐火建築物仕様にしています。耐候性（変形、変色、劣化等の変質を起こしにくい性質）

に優れ、軽量で火に強く、かつ施工時間が短く済むからです。

工法はコテ塗りの吹き付けにしています。特長を出せる外壁は重要です、目立たない部分は防火、劣化を重要視し、特長を出せる部分を塗り壁などで特長づけます。

2 外観・外構

①玄関

ドアは何度も開け閉めしても耐えられるよう丈夫なものを選びます。

一番上の写真のように、床を墨モルタルにすると、ぐっと日本的な感じが出て印象がよくなります。

そのほか、玄関内にアクセントに石を敷いたりするのも、雰囲気が良くなるためおススメです。

②庭

日本を代表するイメージのひとつとして、「庭」も見逃せません。
全国各地にある庭園のなかには観光スポットであるところも少なくないです。
昔ながらのデザインはもちろん、少し洋風にアレンジしてみても面白いでしょう。
中庭などにしてお風呂から庭を眺めることができる旅館アパートも人気があります。

3 内装・設備

①リビング

リビングは、ゆったりとしたつくりで広めのほうが外国人にはウケがいいです。畳を敷くなど和テイストを出すのも良いでしょう。日本人と違って床に座ることは少ないため、椅子とテーブルはあった方がよいです。

日本的な「ちゃぶ台＋座布団」の組み合わせも好評です。

また、飾り物として日本人的な置物や壁飾りを使って、華やかな印象を演出します。高価なものはもちろん素敵ですが１００円ショップで売っているものも組み合せてコストをおさえながら雰囲気を出すことも大切です。

②キッチン

家族連れのゲストや、地元の食材を購入して自分で料理をしたいゲストにとってキッチンは魅力です。たとえ料理をしなくても、買ってきた飲み物を冷やす冷蔵庫、お弁当を温める電子レンジはあった方がよいでしょう。

生活に不便が生じないことはもちろん、ホテルに近づけるイメージを持って＋αの製品があることが重要です。また、ＩＨコンロ、レンジ、トースター、電子ケトルなどの電化製品、フライパン、鍋、菜箸などの調理器具を置いてあげると、なお喜ばれます。

また、キッチンはお部屋の中でも特に汚れやすい場所です。オーブンや冷蔵庫、電子レンジは高価なものでなくてもよいので清潔を心がけます。

キッチンは刃物を使用する場所になるため、コンロや換気扇の使い方などを英語でわかりやすく説明します。またガスではなくてＩＨのコンロを設置することで火事に対してのリスクヘッジを行います。

SHARP
日本産緑茶100%使用
煎茶
JAPANESE GREEN TEA

③寝室

畳に布団を敷いて寝る・・・ということに憧れる外国人旅行客がほとんどです。また、布団は畳めますので、少人数からグループまで対応できるのが良いところです。注意点としてはお布団をしまう押し入れになるような収納があると良いでしょう。また、ベッドに慣れている外国の方のためにマットレスは厚めのものを選びます。

④トイレ

日本人同様、洗面台と一体型ではない独立型が好まれます。ウォシュレットはとても喜ばれるもののひとつなので必須です。

壁紙などは汚れが目立たない、かつ清潔感のあるものを選びます。

なお、一室あたりのトイレの数は、地域と宿泊可能人数によって規定が異なります。例えば、東京であればワンフロアに2つは必要ですが、京都の場合、居室9・5畳まででであれば、トイレはひとつでも大丈夫です。

⑤バスルーム

簡易宿所では、基本的にはバスルームが必須です。旅館業法施行令では「当該施設に近接して公衆浴場がある等入浴に支障をきたさないと認められる場合を除き、宿泊者の需要を満たすことができる規模の入浴設備を有すること」とあります。

なお浴槽が必要か否か、個数については特に規定はありません。

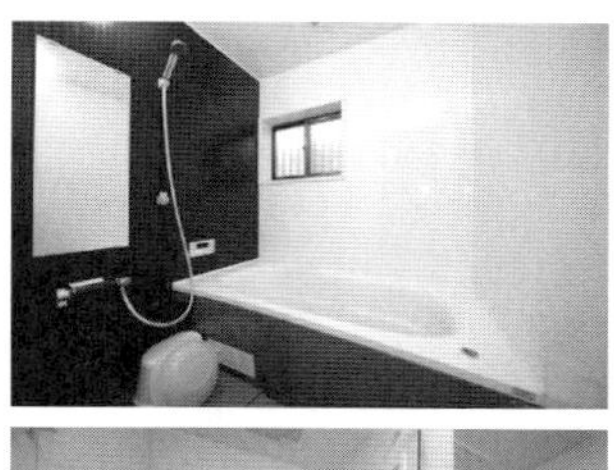

⑥洗面室

基本的には清潔感を重視して、洗面ボールは使いやすいように大きめにします。デザインはホテルのようなスタイリッシュなものを選んでいます。

⑦照明

ダウンライトを選ぶのが無難だと思いますが、これだと個性が出ないので、リビングだけでも和テイストを意識しましょう。

和でなくとも、ちょっと雰囲気のあるオシャレなものを選ぶのがポイントです。

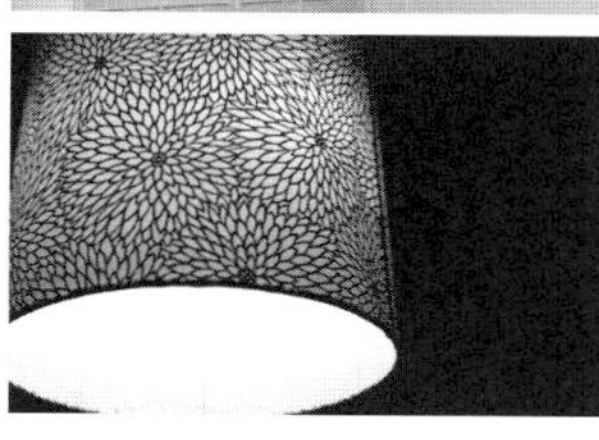

⑧クロス

賃貸物件の場合は、アクセントクロスを使うことが多いと思いますが、「旅館アパート」は家具付きですから、アクセントクロスだけでなく、クッションなどの小物や家具も使って色を演出します。必ずしも和風である必要はありませんが「和」を意識することで、外国人旅行客から好評を得ます。椅子、絵画など、落ち着きのあるものを選びながら、写真映りを考えて差し色になるものもいれます。

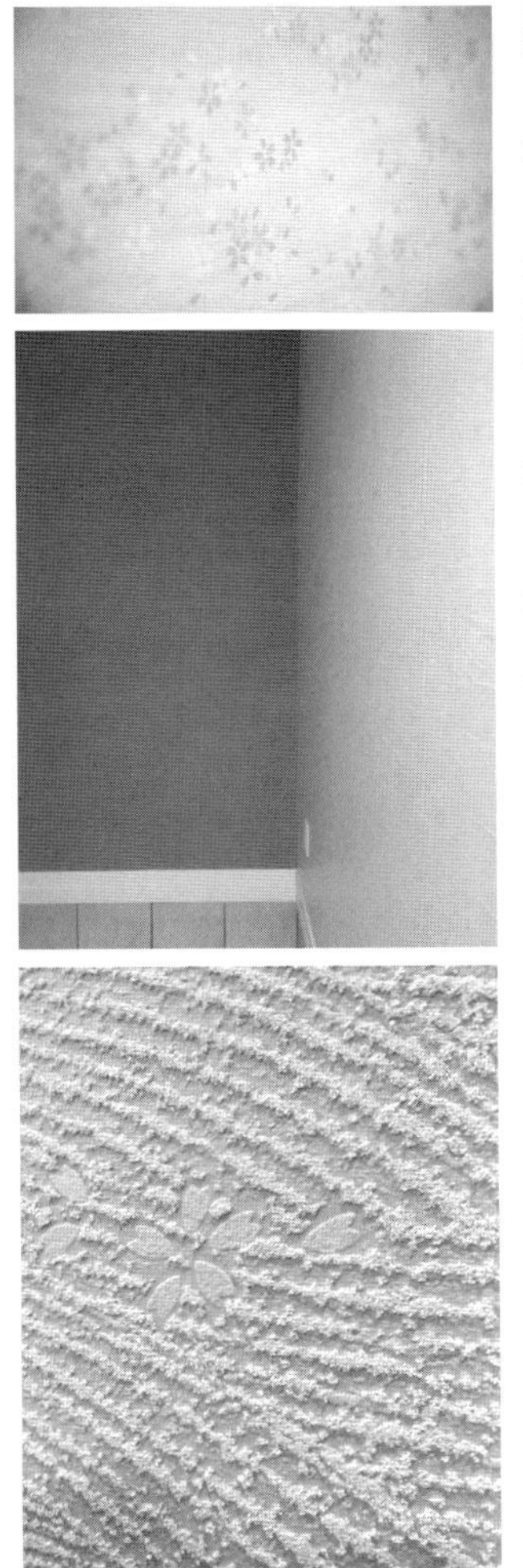

⑨タオル類、リネン、その他のアメニティ

意外かと思われるかもしれませんが、タオル選びも「旅館アパート」経営においては大切な要素です。

ホテル用のふかふかの厚手タオルが良いかといえば、乾ききらないまま放置すると、変なにおいがしたり、カビになったりします。

ですから、タオルはできるだけ薄手のもの（多少、硬くて触り心地が悪くても、パリッと乾いて清潔なもの）を選びましょう。高級なものではなく使い捨て感覚で大丈夫です。

色については「何色がよい」ということはありませんが、カラータオルの方が、汚れが目立ちにくいです。

ベッドシーツ、枕カバーなどリネンの洗濯は、プロに依頼した方が圧倒的にラクに済みます。

歯ブラシ、ヘアキャップ、ヘアブラシ、コームなどのアメニティですが、なるべく

置いたほうが宿泊客に喜ばれます。

こういったアメニティの値段について気になる人もいると思いますが、業務用であれば1個あたり数十円なので、業務用を用意すればコストを下げることができます。

⑩帳場

簡易宿所は帳場（帳付けや勘定をするカウンター）の設置等が義務付けられており、各自治体によって高さ等の規定が異なります。

帳場は誰が見てもわかるよう、目立つデザインにしましょう。ここでも和のイメージを出しても良いと思います。

⑪誘導灯

旅館アパートは、旅館業の簡易宿所営業の許可を取得します。そのためには消防署・保健所からの検査を受ける必要があります。満たすべき規定はいくつかありますが、とくに大切なものとして避難路の確保があげられます。この避難路を指し示す「誘導灯」も必ず必要な設備です。

⑫その他の備品

懐中電灯、傘、ハンガー、救急セットなどはあると宿泊満足度が高くなるので、おススメです。

なお、消化器は建物の延べ面積が150㎡未満の場合は不要で、自動火災報知設備も、建物の延べ面積が300㎡未満の場合は民泊部分のみに設置すれば問題ありません。

消火器

コラム

第三者機関による検査で安心と保証を得る

私がサポートする物件では、必ず独立系の第三者住宅検査会社によるインスペクション（住宅検査）を実施しています。

法律で義務付けられたものではなく、建築基準法等は別の独自の基準を設けて、一級建築士、二級建築士など有資格者による検査です。

というのも、いくらしっかりした建物をプランニングしても、その設計図通りに施工されなければ、意味がないからです。家づくりにはたくさんの業者さんが関わります。

たしかな腕を持つ信用できる業者さんに依頼したとしても、ちょっとした施工ミスやトラブルは少なからず起こりうるものです。

検査機関では基礎配筋工事から、完成後の引き渡し前の完了検査まで、6回の検査を行います。そこで不具合が見つかれば写真を撮って報告、修正された後もしっかりと確認して

検査詳細

回数	検査名称	おもな検査内容
第１回	基礎配筋工事検査	基礎配筋施工状態の確認
第２回	基礎出来型・土台伏せ工事検査	ホールダウン金物およびアンカーボルトの位置・本数の確認・土台施工状態、基礎仕上げ状況の確認
第３回	屋根下地検査	屋根下地の施工状況（雨漏りの原因となる瑕疵の有無）の確認
第４回	構造金物検査	建て起こし確認、耐力壁位置・金物位置・金物施工状況の確認
第５回	外壁防水シート・断熱材施工検査	防水シートの施工状況の確認、ベランダ止水収まりの確認、断熱材施工状況の確認
第６回	完了検査	建具開閉不具合、内装仕上げの傷・凹みの確認

これも写真付で報告されます。

検査の逐一はインターネット上でチェックできますし、完成後はすべての写真と報告を一冊に製本してもらうことができます。

このサービスは遠方に住まうオーナーさんや多忙なサラリーマン大家さんからも喜ばれています。なにより安心安全な建物をしっかりつくりあげることができます。

第6章

「旅館アパート」の運営

第6章では、旅館アパートの運営テクニックについてを解説しましょう。

大切なのはしっかり高稼働させることです。

前提として、旅館アパート＝簡易宿所は合法で行う旅館業です。つまり、行政の営業許可を得たビジネスです。それが強い意味を持つのは、「集客に際して」だと私は断言できます。

この辺については、いわゆる大家さんが知る「賃貸業」のノウハウとは随分違いますので、興味深く感じる方も多いことでしょう。ぜひ参考にしてください。

❀ハウスマニュアルでトラブルを回避

宿泊時におけるトラブル回避の策としてハウスマニュアルの作成があります。

これはとくに珍しいことではなく、賃貸物件でもルールブックを作っている大家さんもいることでしょう。

「ガスのトラブルが発生したらここに電話してください」「ゴミの捨て方はこうしてください」と、そのような完全にマニュアル化することで管理運営をスムーズにさせているのです。

ハウスマニュアル、宿泊マニュアルをつくるにあたっては、日本語だけではなく英語や中国語など、多言語で用意しなければいけません。

オーナーとしての観点でいえば、部屋が痛むことに対して敏感です。

中国人は日本式で靴を脱いで生活しますが、欧米人に対しては「靴を脱いでください」と注意しなければいけません。

ルールをつくることで、考えられる懸念に対して、予防策を打つことができます。

例えば、喫煙についてです。日本やアメリカは喫煙に対して厳しいですが、世界的にはまだまだ喫煙者が多いものです。

なかには日本人以上に煙草を吸う人もいます。部屋に煙草の臭いがついてしまうのは困りますから、「喫煙所以外では禁煙！」というかたちにしています。

そして、キッチンの一角に喫煙コーナーを設けるというような対応をとっています。

他にマニュアルに盛り込むことといえば日本製の家電の使い方です。

スイッチひとつについても日本製のリモコンは全て日本語で説明してあります。テレビ、エアコン、給湯器もしかり。そこで名称や使い方を英語や多言語で説明します。


旅館アパートは基本的に住宅街の静かな地域にあります。

騒音には敏感なので、そのような物件については静かにしてもらえるようにチェックイン時に注意・厳禁事項をまとめた書面にサインをいただき、事前の案内と、マニュアルへの周知で対応しています。

その際には、民泊で見られるよう、外国人にも解りやすく絵に書いて壁に貼ったりするようなことはしていません。

ベタベタ貼ってしまうと、見た目も悪くなってしまいます。ただし、要所要所で注意する点は例外です。例えばすぐ近くに隣家があるところは窓を開けないように注意書きをします。

マニュアルに関しては家の使い方だけでなくゴミの捨て方についても慎重にしています。

基本的には物件の中に分別用のゴミ箱を設置し、事業ゴミとして回収しています。マニュアルにもゴミの捨て方として、外に捨てないよう呼びかけています。宿泊客によってはコンビニの袋にゴミを入れて電柱に置き捨てることもあると、民泊ホストからは聞いています。

このようなことをされると近隣トラブルの原因になりかねません。ゴミについては必ず物件の外へ出さないように徹底しています。

ホテル予約サイトによっても変わりますが、ほとんどのサイトは予約されると自動返信で、そのサイトから「予約を確約しました」というメールが流れます。

それ以外に、翌日までに「ご予約ありがとうございました」とメールを流して、予約された物件の案内やお礼を伝えています。

現在、すべてのゲストに京都駅近くの受付・ラウンジ（事務所）に立ち寄る流れにしており、そこまでの行き方など送っていますが、チェックインが半年後や10カ月も先になると、あまり早く送ってもゲストが紛失してしまう恐れがあります。

一度お送りした後で、「詳細は宿泊日の1週間前に改めてお知らせします」としてメールを送っています。

旅館アパートであっても、簡易宿所営業を営む上で「無人で勝手に入ってください」ということはできません。

チェックインは事務所の受付と合わせ、物件フロント（帳場）で対応します。対して、東京の場合は区によって事情が異なりますが、基本的にはフロントで対面して受付をします。そして、宿泊者名簿に記入してもらいます。

対面で部屋の使い方など教えますが、「基本的にはハウスマニュアルをご覧ください」と伝えします。

ゲストからよく聞かれるのは、「近くにレストランやコンビニはありますか？」です。

それに際しては物件ごとにマップで最寄りのスーパーやコンビニエンスストアを作成しています。

それと外国人旅行客がレンタカーを利用するケースも増えています。

そこで近くのコインパーキングを案内したり、最寄りの駅、またはバス停といった案内マップはそのときに渡していますし、部屋にも常備しています。

滞在中のフォローについていえば、基本的に日本人客に対しては、特別な対応を行うことは少ないです。

せいぜい、「タクシーで何分かかりますか?」「近所にコインパーキングがありますか?」といった、ごく普通のことを聞かれますが、外国人は多くのオーダーをいただきます。

とくに宿泊するまでのコンタクトが多いです。

滞在中をいえば、今はスマホで調べれば何でもわかる時代になって、それほど多くありません。

ただし、外国の方は3~4泊と長く宿泊します。

「ゴミがいっぱいになったので回収してくれ」「リネンの交換をしてほしい」などの要望はあるので、それに対応します。

マニュアル通りではない「おもてなし」でお客さんの心をつかむ

ハウスルールもつくっていますし、清掃手順などのマニュアルもしっかりつくってはいますが、マニュアルにない自然な「おもてなし」の仕方が、とりわけ外国人の対応で重要視されると考えています。

外国人客は、かなりの方が生まれて初めて日本に来ています。事前にいろんなことを調べてきても迷子になったりします。

今はインターネットやSNSも普及していますから、いくらでも調べられますが、私たちに細かい質問のメールがきたとき、宿泊客への返答に対するスピード感によって、より信頼が生まれます。そのようなところも気を使います。

また、その際には多言語対応も行っています。

日本へ来る外国のお客さんは、中国・韓国・台湾といったアジア人が圧倒的に多いですが、意外にも日本語を話す方が多いです。

もちろん、日本へ来るのは初めてという方もいますが、日本が好きで何回も来ている方もいます。

ご家族で来ていても、お父さんかお母さん、または息子さんであったり、どなたかが日本語をしゃべります。

もしくは、日本語が話せなくても英語を話します。

もっとも困るのは日本語・英語を話せないお客さんで、なかには母国語しかわからない方もいます。

そのようなときは多言語が話せるスタッフがいるとすぐに対応ができます。

よくフランス人はフランス語しか話さないといいますが、今のところ私の企画する旅館アパートを利用されている方は英語を話します。フランス人でもドイツ人でも基本はやはり英語で、予約も英語で入っています。

ただし、対応としては日本語や英語以外にも、多言語で対応できたほうがよりおもてなしにはなります。

旅館アパートと賃貸物件の運営方法、その違いは?

まず、賃貸物件と旅館アパートの運営方法の違いを解説します。

賃貸物件には管理会社があり、管理会社が入居者の対応や集金の管理、修繕の手配をします。

このように大家さんの代わりにいろいろと動いてくれます。旅館アパートの場合では、これらをどういう形でやっていくのか解説していきます。

まず、大きな違いは多岐に渡る業務内容です。

賃貸との最大の差は、賃貸でいう入退去のサイクルが早く、業務量が多いということです。

アパートの管理では、客付けと入った後の管理、そして月に1度の巡回や集金がメインになります。

それが旅館アパートともなれば、集客の部分は常に毎日です。

賃貸の場合は、一度入居すれば基本的に2年間は契約がありそのまま入居しますが、旅館アパートの場合は1泊だけの方もいるわけです。

長くてもせいぜい4~5泊といったところで、そのため常に集客の努力をしないといけません。

管理についてもチェックアウトがある度に、清掃と建物の維持管理という作業が必要になってきます。そこもアパートとは異なるところです。

そしてメールです。

予約をしてから宿泊までのフォローが必要なのは、アパート経営にはない大事なポイントになります。

❁旅館アパートに適した運営会社とは？

旅館アパートを投資としてはじめるにあたっては、管理運営を自分でやるのがもっとも理想的といえます。

それでも、お仕事との両立が難しく、自分で出来ない場合は、運営会社に委託することができます。

その際にはどのような運営会社に頼んだらいいのでしょうか？

やはり全てにおいて責任を持って最後までワンストップで見てくれる業者でなければ難しいと思います。

民泊では清掃だけを対応、もしくは顧客とのメールのやりとりだけを対応、鍵の受け渡しだけを対応とバラバラでやっているところがあります。

もちろんワンストップでやっているところもありますが、やはり質が大切で、それが宿泊客の満足度に繋がっていきます。

選び方の大事なポイントは、集客から運営までトータルで依頼できて、かつ質にこだわった、責任を持った運営会社を探すことです。

そうでなければ、クレームの元になりますし、レビューにも影響します。

一般的な賃貸物件では、全ての入金が1カ月サイクルです。

入居者の動きでいえば、実際にはもっと早く出ていってしまう場合もありますが、一応は2年契約がベースになっています。

それに比べれば旅館アパートは早ければ1日、長くても数日という早いサイクルで進んでいきます。

それに合わせたスピード感が大事なのです。

チェックアウトが11時で次のチェックインが15時であれば、その間の4時間に掃除をして、次のゲストをお迎えしなければいけません。

当日の予約がなく翌日のチェックインだった場合は時間に余裕があるので、「そのうちやればいいや」と怠っていたら、突然その日の予約が入ったりするケースもあります。

とりあえず先に清掃さえしておけば、いつでもゲストを迎えられる状態になりますので、そのようなところでスピード感を持った対応が必要になってきます。

「合法であること」が集客を最大化する

続いては集客です。旅館ですから、宿泊者をどれだけ集めて、高稼働できるのかが肝となります。

あらゆる集客サイト・・・具体的には宿泊予約サイトは「営業許可証があって初めて集客ができる」のが大前提です。

「旅館アパート」は営業許可を持っていることにより、大手の集客サイトを使うことが可能です。その点でも我々が今採用している外国人向けについては、「ブッキングドットコム」(https://www.booking.com/)や「エクスペディア」(https://www.expedia.co.jp/)などを使っています。

日本国内向けについては、楽天トラベルなどのサイトを通じ、トータルで5社を利用しています。さらに販路の拡大で数社と交渉している状況です。

ここでお伝えしたいのは、外国人旅行客向けと日本人旅行客向けの集客サイトのちがいです。

最大のちがいといえば「言語」でしょう。

日本人旅行客向けサイトは、やはり日本語がメインですから、海外市場にはほとんど知られていません。

募集は日本国内だけで利用するのは95％以上は日本人、もしくは日本語が理解できる外国人、在日外国人の方が大半です。

これが外国のサイトであるブッキングドットコムでは、大半は英語圏の旅行客ではあるものの、取扱い言語は英語だけではありません。ドイツの人であればドイツ語、フランス人はフランス語から入ってきます。

そういった意味で販売チャネルが世界中に強いことが最大の特徴です。これらのサイトについては8～9割方が外国からの申込みです。

「ブッキングドットコム」(https://www.booking.com/)

「エクスペディア」(https://www.expedia.co.jp/)

ちなみにこういった宿泊客を募るホテルサイトの手数料については、掲載に対して、いくらか初期の費用がかかるケースもあれば、ないケースもあります。あとは予約の入った段階では課金されませんが、結果的に宿泊予約が入った場合に、宿泊代金の何%かをコミッションとしてサイトへ支払います。

ただし、それも本当にピンからキリまでです。高いケースでは数十%も取られますし、安ければ一桁代の手数料です。加えてクレジットカード精算の場合は、さらにクレジットカードの精算費用として数%が経費として引かれます。また楽天トラベルなどでよく見かける「10倍ポイントセール」ですが、実質は企業負担になり、そこそこのコストはかかりますが集客の仕組みは整っています。

予約が一元管理できるサイトコントローラー

日本でも外国でも複数の宿泊予約サイトへ同時に募集をすると、部屋がダブルブッキングしてしまうのではないかと心配になる人もいると思います。

それを回避できる仕組みとして、サイトコントローラーを使って運営しています。

これは「ブッキングドットコム」に予約が入った瞬間、「じゃらん」や「楽天トラベル」など、提携しているその他のホテル予約サイトから、一括で部屋の在庫を減らす仕組みです。

そのため、ダブルブッキングはできないようになっています。

そのサイトコントローラーを導入することにより、リアルタイムで予約が実現しているのです。

このようにサイトコントローラーを使って、多媒体で集客をしていきながら、それを使えない媒体ではリクエスト予約制度を取って、できるだけすべての予約をすくい上げて無駄にしないようしています。

現在、9割5分サイトコントローラーを利用しています。

ちなみにこのサイトコントローラーは、旅館業界では常識となっており、大手のホテルから旅館、民宿まで取り入れています。

集客成功の鍵を握るのはレビュー

民泊ではレビューを重視します。

旅館アパートでもそれは同じです。アマゾンならネット通販で買いものをするにしても、レビューをチェックしてから購入する人が増えていると思います。

つまり、まっさらな状態からレビューづくりをするのですが、そのためのノウハウを解説します。

簡単にいうと、黙っているばかりではレビューを書いてもらえません。

宿泊客と対面したときは日常会話だけでなく、さりげなく「レビューを書いてください」とアプローチをかけます。

細かなサービス、気配りを徹底して、さりげないアプローチするだけでなく、お客さんご自身からレビューを書いてもらえるような努力も必要です。

宿泊客に満足いただき、それをレビューに反映していくのもまたひとつの集客方法なのです。

そのほかにもレビュー評価を上げるコツとして、「対面すればレビューは上がる」ということがいえます。

そもそも、普通のビジネスホテルでも、フロントで宿泊客とやりとりします。部屋のグレードがさほど良くなくても、フロント対応が良ければ、好印象を抱くものです。

民泊の場合は、誰もいない無人オペレーションではなくて、ちゃんとホストがいてゲストと触れ合うなど、何かしら接触すればレビューが上る可能性が高いと聞きます。ゲストとコミュニケーションを取ることにより、レビューをもらえる可能性が高まります。

それからメールの対応も大切です。

予約から、宿泊までの間のメールのやり取り、または電話のやり取りを頻繁にすることでも満足度が上がることが数字として現れています。

そこも対面だけではなくメールでの会話が大事であると思っています。

我々のところは本当に満足してもらって書いていただいていますが、ほかの旅館や大手であれば、チェックアウトのときにレビューを書いた画面を見せると、「売店で500円引きになります！」というサービスもあるようです。

こうして好評価のレビューを多く集めることで泊まりに来るお客さんを増やしていきます。

最初のレビューがない状態では、ゼロからのスタートになるのですが、オープンしてから時間が経って、レビューがついていると「入り」は明らかにちがいます。

ポイントにもよるのですが、レビューの点数だけでなく、その中身があるのとないのとでは、乗っている土俵がまったくちがうため、そこも集客の大事な基準になります。

※理想的な旅館アパートの宿泊費とは？

その他、私がよく受ける質問に宿泊費の値段の付け方があります。

基本的にはいくらでも付けていいわけです。

例えば家賃の場合だと相場がわかりやすいでしょう。ワンルームやファミリータイプなど、駅から徒歩○分で築○年、「新築のＲＣマンションなら」「木造で築古なら」と細かいカテゴライズがされているものです。

ただし、これがホテルになると高級なナショナルブランドのようなホテル、いわゆるラグジュアリーホテル的なものと、ビジネスホテルや旅館とでは、仕組みも値段もちがうものです。

例えばビジネスホテルだけのランク付けや、高級ホテルだけのランク付けなどを見ていくと、簡易宿所による旅館アパートは圧倒的に数が少なく、どのように値段を付けていいものか迷います。

そこでまずは近隣の宿泊施設の数についても調査をします。

ラグジュアリーホテルと簡易宿所では土俵はちがいますが、我々は簡易宿所の中ではクオリティに徹底してこだわっていますから、決して安売りはしません。

高過ぎると入りませんし、逆に安くし過ぎてしまうと、競合相手が民泊となり、バッティングしてしまいます。

そこまでの安売りはせず、ビジネスホテルと大きなシティホテルの間くらいを基本設定としてやっています。


宿の形態としては小規模なグループ、小家族、4~6名がもっとも強いターゲット層になっています。

それに対してより魅力的、かつ集客のできる金額設定が重要です。

家族の場合なら、ビジネスホテルの部屋だと収容人数2人が多く、3人も泊まれる部屋は少ないものです。

下手をすればシングルが大半を占めるホテルもあるくらいです。

そうなると家族で泊まろうとすれば複数の部屋を押さえなければいけませんし、結果的にホテルランクがさほど高くなくてもトータルの宿泊料金が高くつきます。

それと比べると、1部屋で泊まれて同じ値段であれば、絶対的にみんなで泊まれる宿が好まれます。

金額の考え方も「1部屋いくら？」と計算するのではなく、「みんなで泊まっていくら」で、それを頭割りした方が安く感じられ、収益も取りやすくなるという考え方です。


基本的に1棟2部屋のところが多く、例えば5名の2家族なら、2部屋を利用してもらい1棟貸しとなります。

金額的にも近隣のホテルでツインを4部屋取るよりも、お得な値段設定で10名が泊まれます。

それでも3～4泊となれば、より収益が高くなってきます。そこが我々の強みでもあります。


また旅館アパートの特徴でいえば、基本はアパートなのでキッチンやお風呂、洗濯機などが揃っています。

普通のホテルに比べて、一般家庭に近い設備が備わっているため快適に泊まることができます。

それが結果的には、「同じ部屋に何泊もしたいな」と思わせているのです。

実際にレビューでもありました。

これは日本人のお客さんでしたが、お嬢さんが学校の寮に入っていまして、ご家族が遠方にお住まいとのことで、学校の文化祭やスポーツ祭でいらしたときに2泊していただきました。

お嬢さんと久しぶりに一家団欒で過ごした際、気兼ねなく我が家のような感覚でくつろげ、お出かけをするときも家から出かけて家に帰ってくるような気分だったそうです。

キッチンも洗濯機もあり、「本当に家にいるのと変わらない。ホテルと違ってすごくよかったです！」というレビューをいただきました。

類似のレビューもいくつかいただいております。そこも旅館アパートの強みであると思っています。

価格設定はシーズンごとに細分化

旅行業界では、シーズンによっても基本の値段設定があり、さらに桜や紅葉の季節、大きなお祭りの季節はものすごく収益が伸びます。

実際に1年前から予約が入るような状態です。

やはり、そこは旅館だけではなく、旅行会社やJR、航空会社もそうですが、需要があるときに値段を上げます。

今までピークの価格設定はひとつしかなかったのですが、これまでの経験上、設定を細分化することにより、収益の最大化にも結びつくと考えました。

現在はピーク期の中でも細分化して、より高く収益が上げられる体制を整えています。

なおピーク期は桜・祭り・紅葉のシーズン・連休です。

逆にオフシーズンは、お部屋に空気をためていても意味がありません。そうかといって安売りをしてしまうと不毛な価格競争に入ってしまいます。

そこは過度な安売りをせず、オフ期にはお得なキャンペーン価格を設定するなどして、できる限り収益を上げるかたちで運営できるように努力しています。

また、先述しましたが、高レビューを獲得することにより、オフ期でも安定的な需要を取り込む努力をしています。

それは旅行業界の常識だそうです。

スタッフには以前、航空会社に勤めていた人材もいますが、「航空会社と同じような需要の動きをしている」と言います。

❁予約状況に応じて価格をコントロール

先ほどのピークやシーズンというのは年間を通して、おおよそ先が読めると思うのですが、目先のことで言うと、いくつか選択肢があります。

日本人向けなのか？

それとも外国人向けの売り方なのか？

外国と日本の典型的な違いがあります。外国では、早めに予約を入れれば金額が安く、直前になると高くなるというのが一般的です。

これが日本になると逆で、事前に前売りでセールをやっていきつつも、直前になってから部屋の需要に応じます。部屋が空いていれば、3カ月前に予約をした人よりも、1週間前に予約をした人のほうが安くなる現象が発生するのです。

そこが外国と日本の違いです。航空会社でも同じことが発生しているといいます。

最近では外国でも直前セールが目立ってきていると言われていますが、基本的には早く予約をすればお得になります。

「直前になると高いよ！」という認識が海外には未だにあります。

その理由として、「早いうちから予約を取らなければ、直前になるほど値段が高くなる！」という文化が根付いている現れだと思います。

ただし日本を含め、需要に応じて価格をコントロールすることが一般的になっているそうで、部屋が埋まっていなければ、直前になってから値引きをする宿が多くなっています。

桜の開花シーズンといったピークのときは、外国と同じように早めに予約をしておかないと安く泊まれないし、後になるほど予約そのものが困難になりますが、それ以外は、直前のほうが安くなるのが日本の特徴です。

いずれにしても、集客ノウハウを考えた場合、顧客データの蓄積が大切です。

我々は運営を始めてからさほどの年数が経っていません。

今はデータを集めていますが、それを翌年に活かしながら、需要を見ながら、それに応じた価格設定で攻めていくつもりです。

需要があるときに価格設定を高くしていきます。

直前になっても埋まらなかった場合においては若干の値引き設定を行います。

そうすることにより、「できるだけ稼働率を高く、かつ単価を高く！」を目指しています。

そのバランスは非常に難しいのですが、それを今実践しているところです。

❀旅行客からの質問には迅速に対応

参考までに宿泊前のコンタクトで多い質問を紹介しましょう。

一番多いのはなんといっても観光施設の行き方、所用時間、チケットの購入方法を聞かれることが多いです。

東京ならディズニーランド、京都・大阪であればユニバーサルジャパンなどチケットの購入方法の質問が多くあります。

食事に関してはベジタリアンの方も増えていて、「ベジタリアンレストランは近くにあるか?」という質問も多くあります。

それに対しては翌日までにレスポンスを返しています。

そのような質問を頻繁にいただくので、こちらもすぐに返答できますし、ものによっては調べないといけないこともありますが、それも2～3日以内で返答ができるように心がけています。

きめ細かなインフォメーションがお客様の満足度に繋がり、結果としてレビューがよくなっていくのだと思います。

日本人と異なる外国人の掃除ポイント

続いては清掃についてです。

日本人にも共通することですが、賃貸物件においては、長期間人が長く住むことを想定していますから、収納やカウンターキッチンを設置するなど、多少デットスペースができても住んでいくうえでの利便性を重視します。

その結果、室内に出っ張りが出たり、収納にホコリがたまりやすかったり、簡単にいえば清掃がしづらくなります。

これがホテルになるとほぼ真四角でバスルームや洗面所など水回りの配置もシンプルなことが多いです。

いってみれば画一的で面白みがない反面、清掃がしやすい部屋といえます。

その観点でいえば、旅館アパートは清掃しにくいと思います。

2世帯になっているところは2階まで掃除機や全ての備品を持って上がって掃除をし、リネンを回収しなければいけません。

その後に回収したゴミを1階まで持って降ります。タオルやシーツ、掃除機を持って降りますから大変です。

フラットなホテルに比べれば、階層が一般宅と似ているから、アパートは清掃しづらいのです。

くわえて、清掃する項目も多いです。部屋の掃除だけでなく、風呂場やトイレや洗面所、それにキッチンや外回りもそうです。

キッチンについてもお皿やコップを常備しているので、それをその場で洗剤で洗わないといけません。

このため通常のホテルよりも清掃項目は多くなります。

だからこそ私は「清掃もノウハウを持ったプロが行う」ことを提案します。

余談になりますが、日本と外国では掃除をするポイントが違うようです。日本人は埃や髪の毛が落ちていれば苦情がきます。

外国人はそこまで神経質ではないものの、鏡がピカピカに磨かれていたら喜ぶそうです。

ルームクリーニングについても感覚が違うようで、チェックインが15時なのに、14時までに来てしまったとき、日本人だと清掃が終わるまで部屋に入りたがりません。

しかし外国人旅行客のなかには、そのままでも気にしない方々もいます。

「キレイな部屋じゃないか」とそのまま入ろうとする方もいるほどです。その点でいえば、日本人のほうが神経質なのかもしれません。

外国人の場合でも、アジアと欧米では感覚が違うようです。

アジア人よりも欧米人のほうがあまり細かいことに対して気にしません。アジア系のほうがタオル1枚についても「足りない！」と苦情があります。

結局のところ、一番神経質なのは日本人ですから、日本人のお客様が満足することを基準にしておけば、取り急ぎの問題はありません。

もちろん、外国人だから手を抜くということはしません。常に日本人の目線に合ったもので対応しています。

ご近所トラブルの対処法① 近隣クレーム

観光地である京都や浅草の民泊では、近隣住民のクレームで問題になっています。

ここ数年、テレビで騒がれたこともあり、これまで知らなかった人までも民泊を知って、しかも民泊＝違法ということまで理解するようになりました。

非合法で行う民泊は「闇民泊」とも言われていますが、それに対してかなり地域住民が反発しており、「闇民泊狩り」まで起きています。


闇民泊と旅館アパートも立地や建物の見た目が似ているため、「近隣から違法民泊だと間違われないか・・・」と心配される読者の方もいるかもしれません。

ここでお伝えしたいのは旅館アパートと民泊の違いです。

最大の違いは「合法」であるか、現時点で「非合法」であるかです。

合法であれば、表札にしっかり「宿」ということを明記できますし、堂々と外に看板を出すことができます。

旅館アパートを建てる場所にもよりますが、例えば隣がちょっとした小洒落たカフェだったりした場合、そちらを宿泊施設だと勘違いしてインターホンを押してしまうトラブルが発生しています。

そのほか、よく聞くトラブルでいえば、区分マンションの一室の闇民泊で目印が全くないケース、ドアプレートにある部屋の号数も薄れてわかりづらいケースがあります。

これがホテルであれば、何号室とはっきりわかるように書いてありますが、普通の賃貸物件ではその辺が曖昧で圧倒的に間違えやすいのです。

それが近隣トラブルに繋がります。

その点でいうと一戸建て型など、それぞれが独立した建物であれば、まずそのような問題が起きにくいのが特徴です。

ただし、なにも工夫しなければ、トラブルは起きやすいです。

現に、旅館アパートをはじめた最初のころは看板を付けるのが間に合わず、ゲストが迷ってしまったことがあります。

近隣にある旅館っぽい民家のほうへ行ってしまったのです。

その他にも、スマホのマップに住所を入れて、ルート検索をすることが多いですが、中国系のアプリでは全く違うところが出てしまうことがあります。

こういったトラブルは意外と多く、GooglemapとiPhoneのマップで微妙に違うこともありますし、2方向道路に挟まれているケースだと、入口がどちら側にあるのかわからないこともあります。

そうした反省も踏まえて、たとえ一戸建てでも、一目見てわかるような目印を付けて、事前に写真入りのマップを用意しています。

よく懸念されるタバコのポイ捨てトラブルは今のところありません。

旅館アパートに泊まられるゲストは日本文化を理解している人が多いようです。

それは、あえて全室禁煙でなく、喫煙コーナーを設けているのが理由かもしれません。全面禁煙にしてしまうと、路上で吸ってトラブルになる可能性があるため、あえて室内で喫煙できる場所をつくっています。

そのおかげか、この半年間は煙草に関しての苦情が1件もありません。

ご近所トラブルの対処法② 騒音

続いては騒音トラブルです。

パーティを開いて大騒ぎするような騒音クレームについても心配していました。

ターゲット層として10～15人が泊まれるような宿にあれば、どんちゃん騒ぎをするところがあるかと思うのですが、これが4～5名ならそこまで騒ぎません。

それに価格設定もそれほど安く提供していません。

安くたくさんの人数で泊まれると、そのようなことが起こり得る可能性があるわけです。

テクニックとしては、12月の後半の忘年会シーズンに限っては1泊での宿泊を禁止する方向にしています。

というのも、お店で宴会やパーティをするよりも、旅館アパートを借り切って持ち寄りパーティを行う方がリーズナブルだからです。

こういったパーティは、一般のホテルや民泊でも行われ、騒音トラブルになっている現実があります。

その対処策として、予約を2泊からにすればハードルが上がり、トラブルを回避できます。

このようにパーティ会場として使われないような工夫をすることが大切です。

以前、民泊で予約は4人だけで入っていたのにも関わらず、実際は8～10人でやってきて、パーティをされていたことがある話を聞きました。

なんでもゴミの量が大量に放置されていて、ゴミ袋だけで6袋もあったそうです。

民泊では無人でのチェックインを行いますから、人数が増えたことに気がつかなかったといいます。

その点、旅館アパートでは、宿泊者名簿を書いてもらうので、直に面談して確認をしていることになります。

それからフロントや宿の入り口には防犯カメラもあります。

全室ではありませんが、最新の電子キーを装備しており、ドアが開いたら自動的に録画され、かつメールで通知が来るため監視ができる状態になっています。

カメラが前面にあり、宿泊客にもそのような設備になっていることを匂わせています。逆手にとって抑止力にしているのです。

カメラの設置というのは難しいもので、多少でもプライベートゾーンに向いていると抵抗がありますし、逆にカメラを外に付けると、今度は近隣住民から「撮られているのが嫌だ！」とクレームがきます。

ですから帳場の付近から、お部屋の入り口にカメラを向けています。

これは賃貸物件はもちろん、旅館業界では常識で、そのような対策によって様々なトラブルを未然に防ぐことができます。

「旅館アパート」投資で使える融資

ここまで読んで旅館アパート投資をしてみたくなった方もいることでしょう。

そこで「簡易宿泊所に融資は付くのだろうか？」という疑問を持つ方も多いと思いますが、ご安心ください。融資を引くことは可能です。

では、どのような金融機関が融資してくれるのでしょうか。

まず、あげられるのは、「信用金庫」です。まだ実績はありませんが、可能性としては高いと思います。

というのも、信用金庫は基本的に地域の貢献を目的としている金融機関のため、その地域に在住の方であれば、交渉がしやすいでしょう。元々お付き合いがあれば、担当者に相談をしてみてください。とくに自営業者などで取引があるようなケースであれば、優位に運ぶ可能性があると思います。

このような場合、地縁がない投資家には融資する可能性は低いと言われています、例えば、東京在住の投資家が京都の信用金庫から借りるのは難しいということです。

それは、信用金庫の営業エリアが限定されており、営業エリア外に対して融資ができないからです。

次は「商工中金（商工組合中央金庫）」です。商工中金は、政府系の金融機関で、融資エリアがきわめて広く、新築や築浅でも融資をしてくれるのが特徴です。

とはいえ、融資期間は15年～最大で20年程度なので、頭金を多めに出さなければならないのがデメリットです。

同じく政府系金融機関である「日本政策金融公庫」も使うことができます。

ただし、営業許可を得てからの融資実行という話もあります。京都で聞く話としては、「建売のゲストハウス購入」で使えるローンとされています。

最後は地方銀行です。

地方銀行にも営業エリアはありますが、信用金庫に比べて融資エリアは広いケースが多いです。東京支店があれば東京在住の投資家であっても対象となります。

実際に、私がサポートしているケースでは、地方銀行で新築アパート並みの好条件で融資を受けた例もあります。

いずれにしても、融資状況はその時々で変化するものです。融資を検討する際は最新情報を確認しましょう。

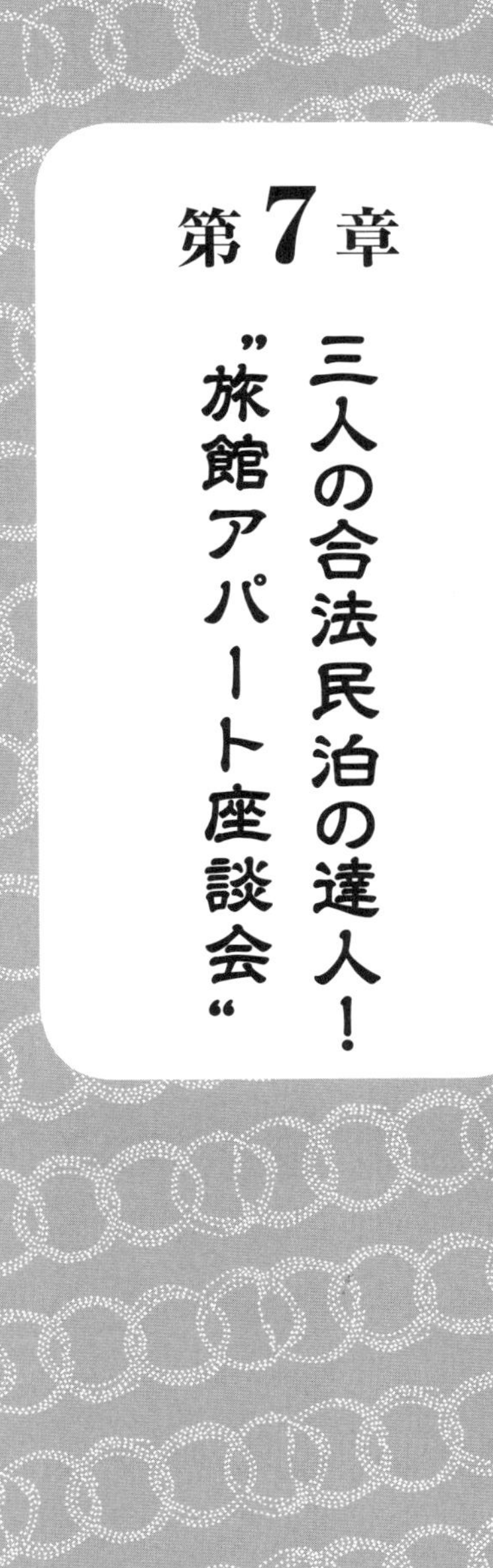

第7章

三人の合法民泊の達人！”旅館アパート座談会“

【座談会】

【対談者プロフィール】

白岩貢（本書著者）：60室の大家。本業の傍ら、累計360棟の大家さんたちのアパートづくりをサポートしている。吹き抜け型アパート、賃貸併用住宅、シェアハウス、旅館アパート（簡易宿所）など、常に不動産業界のトレンドを誰よりも先行して行う投資戦略が話題。

大城幸重：群馬在住の地主系元サラリーマン投資家。現在、東京、京都、北関東、海外などの国内外に不動産、9棟35室、太陽光発電所10基を所有する。また、自身が建てる新築物件のプランニングもおこなっている。本書2章でもご紹介したように、最近では簡易宿所にも意欲的にチャレンジを始めている。

釘崎信也：中国最大の訪日民泊予約サイトの「日本途家（トゥージア・ジャパン）http://www.tujia.jp/」のシニアマネージャーとして活躍中の民泊スペシャリスト。さらに増え続ける訪日観光客に向けた新たな宿泊先やサービスを日夜企画している。

アパートの先に目を向けたら「インバウンド」があった

白岩：大城さんとは、かつて私が主宰していた新築勉強会「アパート投資の王道」の運営初期の頃にご連絡をいただいていました。

大城：ええ、もう12、13年前のことです。メールのやりとりは何度かありましたがタイミングが合わず、なかなかお会いできなかったのです。

白岩：たしか「資産の組み替えを考えている」というご相談でした。

大城：私は地元の群馬にて15歳の時から大家業に関わり、平成8年に子育て賃貸として新築デザイナーズアパートを建築しました。そもそも私が不動産投資を積極的にやっていこうと考えたきっかけは、祖父の相続でアパートを建替えたことからです。中古物件も1回買ったのですが入居時に苦戦したので、それ以降は土地からのプロデュースする新築デザイナーズアパート投資を地元ですすめてきました。

白岩：なぜ、京都や東京など地元以外に目を向けるようになったのですか？

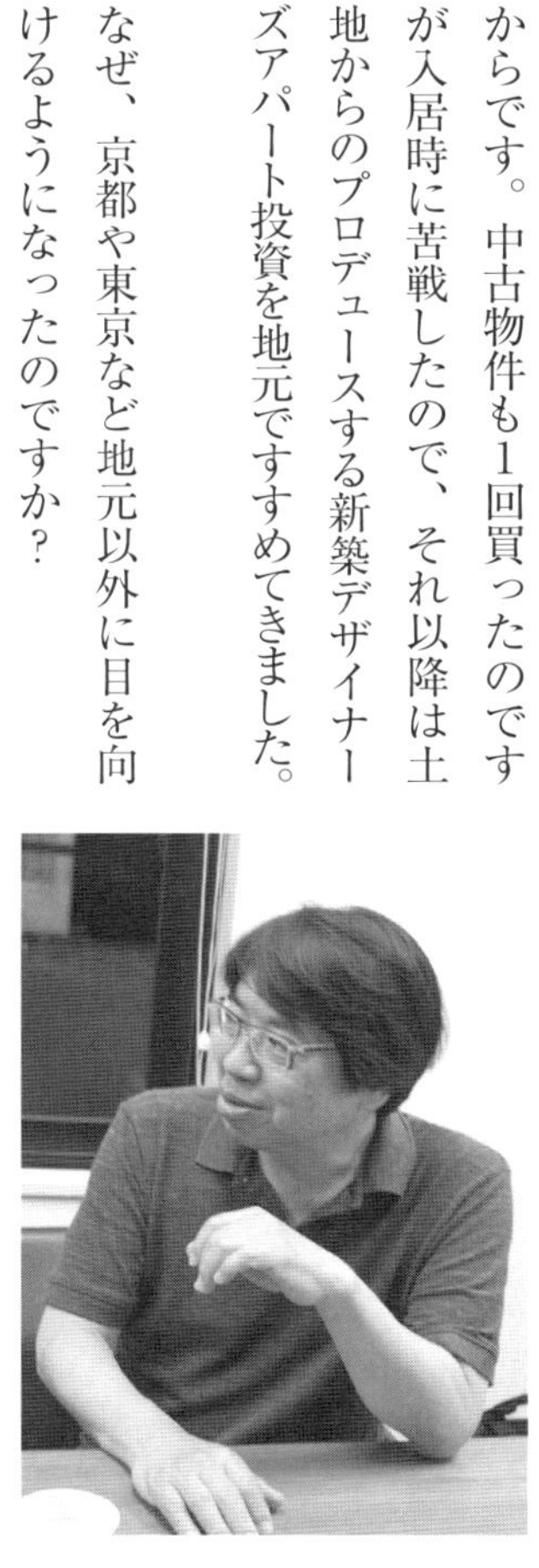

大城：きっかけは「インバウンド」です。こらからの不動産投資をどのように進めていこうかと模索していたところ、外国からたくさんの人がやってくるニュースを目にしました。そこで地元だけでなく、外国人の多いエリアでも社会貢献できることはないかと考えていました。ちょうどそのタイミングで、白岩さんの『新築利回り10％以上、中古物件から月50万円の「旅館アパート」投資！』（ごま書房新社）に出会い、「これだ！」と感じて10数年ぶりに白岩さんに連絡をとりました。

白岩：今でこそ民泊はかなり厳しい状況に置かれていると思いますが、大城さんが知ったときは、まだまだ勢いがある時期だったわけです。まだ法整備ができてなかったころですから。あえて私の行う合法の簡易宿所に興味を持ったのはなぜでしょう。

大城：直接白岩さんからお話を伺うなかで大変興味が湧いてきました。簡易宿泊所という旅館業としての戦略に魅力を感じましたし、そもそも誰もが普通の不動産投資をやっていこうとするときに、アパート以外に目を向ける先進性を純粋に素晴らしいと感じました。
それと、私は海外の学校で教師をしていた経験があり、外国人に日本を紹介するという点が共通していたことも大きなポイントでしたね。日本文化を理解してもらうのに役立てるのは自分にとってもうれしいことですから。

白岩：大城さんから京都の話が出たのは2016年の春でしたよね。それから夏ごろに土地の情報がでました。

大城：はい。春ごろからインバウンドに興味を持ちはじめて、夏から本格的に進めて竣工したのは今年の春です。購入にあたっては、理解のある銀行さんから融資を受けられました。

白岩：大城さんが購入した物件は立地がとてもいい。ただ、近くに同じような民泊が営業しており、近隣住民からのクレームが激しいことは聞いていました。とはいえ、大城さんが購入された時では、すでに落ち着いているようで問題もなかったですね。

大城：私はおまかせしてたので、詳しくは知らなかったのですが、具体的にどういったクレームだったのでしょうか？

白岩：端的にいえば「民泊をやるな」ということですね。ひどいエリアだと張り紙を出されることもありますし、正しいかどうかを抜きにして断固拒否なわけです。ただ、行政としては、なかなか対処しづらい件になるので「説明会を開催してくださいね」と言って穏便に済ませようとします。

大城：でも簡易宿所の営業許可は、手続きをきちんと進めていけば出るわけですよね。

白岩：はい。ですから、そこまでくると感情論ですよね。

大城：京都に住んでいる方であれば、外国人観光客に対して慣れている印象があるのですが、そうでもないのでしょうか？

白岩：観光客が多いですが、かつて京都は外国人が生活道路にいることは少なかったのです。しかし、民泊が一般化されて以降、普通の住宅街を外国人が日常的に歩くようになりました。それに対して拒否反応を示している方が一定数いるようです。

大城：たしかに住宅地まで観光客がいるとなると落ち着かないでしょうね・・・。とはいえ法律で定められたエリアで簡易宿所を行うことは問題ないわけですよね。しっかり手順を踏めば許可が出るわけで・・・。

白岩：あくまで行政は深く立ち入らず、ただ「説明会を開催してください」という旨だけ伝えてきます。私の場合ですと、顧問弁護士もいますし法的には完全にクリアしています。外国人の方々は地理感がないわけですよ。評判がいい物件に人が集まりますから、立地のよさで十分に勝てます。

大城：同感です。私が所有している物件は立地もすごく良いですし、部屋も機能的にできています。友だちに見せても評判がよかったです。

白岩：大城さんの物件は、春に竣工してからいきなりフル稼働していますね！　もちろん季節要因もあるでしょうが、それも口コミが増えてくると安定していくものです。

大城：それは肌で感じますね。これから益々稼働してくれることを楽しみにしています。

地元、群馬を盛り上げたい！

白岩：今後の展開ですが、どのように考えていますか？

大城：はい、とにかく地元に貢献できることをやっていきたいです。今はモノではなくコト消費にインバウンドは動いています。旅行客に対して、いかに思い出に残る体験を提供できるかが勝負だと思っています。

白岩：例えば、人気ドラマのロケ現場に使われると、マイナーな場所であっても世間か

ら注目されますよね。ちょっと前だと、長野県の山奥で「猿とお風呂に入れる！」という地獄谷温泉がツアーまで組まれるほど人気がでました。

大城：はい、それで私の地元である群馬を盛り上げていきたいと考えています。群馬には草津をはじめとする温泉がたくさんあり、その他にも世界遺産となった富岡製糸場や風光明媚な自然など観光資源が多いところに可能性を感じます。

白岩：いいと思いますよ。ぜひ、応援させてください！

中国人から人気を集める日本

白岩：続いては、中国の民泊プラットホーム『途家（トゥージア）』の釘崎さんです。まず、読者の方に向けて、どういったサイトなのかを説明ください。

釘崎：民泊を中心とした宿泊施設の予約サイトです。宿泊施設を提供していただくホストさん、オーナーさんと、うちは本土の中国人を専門にしているので、中国人のゲストをつなぐサイトになります。

大城：ゲストやホストはすべて中国人なのですか？

釘崎：ゲストはほぼ100％中国人です。中国系の会社なので、もともと日本に進出した当時は在日の中国人、そして帰化された方、あとは投資的な思惑で中国から お金だけ出している方が多かったです。ただ、今は日本人ホストの割合も増えており、日本でのホストは中国人と半々くらいになっています。

白岩：その会社は日本支社になるのですか？

釘崎：現在は東アジアを中心に8カ所の拠点がありますが、日本だけ現地法人です。その他は現地事務所で、出先機関ということになっています。そのため本社に籍を置いた人間がアジア各地にいることになります。

白岩：開業をしたのはいつですか？

釘崎：日本法人は2016年の4月なので、かれこれ2年以上が経ちます。

大城：やはり日本は他のアジアと比べると人気がありますか？

釘崎：はい。中国人のアウトバウンドの目的地として人気があるのはタイと日本、韓国ですね。ただ、韓国は政治的事情もあり、少々厳しくなっています。

中国人観光客の実態

釘崎：中国人観光客の多くは団体客で、観光バスで銀座に乗り付けるといったイメージをお持ちの方が多いかと思いますが、実際はすでに6割程度がＦＩＴ（個人旅行客）です。つまり、個人客のほうが圧倒的に多くなっているのですね。以前は尖閣の問題や鳥インフルエンザの騒ぎもありましたが、こういった例外を除けば、訪日客に大きな影響は出にくいのでしょうね。

白岩：補足をすると、台湾や韓国は中国に頼り過ぎて失敗した経験があります。そこから学んだ日本は、国策として戦略的に訪問客を分散させています。ただし、もともと日本は旅行の内需が8割を日本人が占めるため、そもそも外需に頼る必要はない状況でした。だから台湾や韓国のように中国だけに絞った戦略をとらなかったともいえます。

釘崎：過去に政治的に揉めたことはありましたが、中国は今では「訪日してください」という姿勢です。だから、ある意味で韓国や台湾の失敗を参考にすべき部分もあるでしょう。

白岩：どのような形にせよ、団体旅行客の数を減らそうとすると韓国や台湾はダメージを受けるけれど、日本はダメージを受けていないのが現状ですね。

大城：でも「爆買いが下火になった！」という報道がかなり出ていますが・・・。

釘崎：たしかに、ピーク時と比較すれば落ち込んでいるのかもしれませんが、データを見る限りは中国人が圧倒的に買っています。

白岩：私のプロデュースする旅館アパートに各国からお客さんがいらっしゃいますが、中国人は家族で旅行するようなイメージがあります。中国人だと、普通に10人くらいでやってきます。その団体が1棟丸ごと借りてくれるケースも多いです。

民泊新法の影響

白岩：民泊新法が施行されたことにより、今までマッチングサイトに載っていたグレー案件は線引きされて、いろいろ変わってきそうですよね。

釘崎：『途家』は2016年4月に法人を設立しましたが、そのタイミングは、もともと民泊新法が成立される予定だった2016年の秋に合わせてのことでした。ただ、政治の事情で2017年6月に後ろ倒しになりました。国としてはインバウンド消費を加速させたいので、規制緩和には前向きになっているといえるでしょう。それでも、実際は法律の趣旨にそぐわない逆の環境になっています。

白岩：はい。私もそのように感じます。

釘崎：例えば「各自治体が縛りをかけてしまっている」、あるいは「住専などのエリアでも『営業できますよ』という建付けだったにもかかわらず、自治体の条例により、見解を百八十度ひっくり返す」といった具合です。

白岩：「簡易宿所ができない住宅専用地域でも民泊新法ではできますよ」というものだったのに、自治体がＮＧを出して縛りだしたと・・・。やはり、役所に直接苦情を訴える住民がいるため、現場で働く人には相当なストレスになるわけです。国には直接に言えない不満を、市役所や区役所レベルに流れてくるということですね。

釘崎：それが、「法律の趣旨にそぐわない環境ができあがってしまっている」という意味です。各プレーヤーごとに様々なルールはありますが、大まかには「ホストさんは届け出をしなさい」「プラットフォーマーさんは登録をしなさい」「管理会社さんも登録をしなさい」という3つになります。
弊社の責務として、登録の前提条件においては「既存のホストさんに6月15日以降、届出番号のない物件についてはサイトに表示しませんよ」と周知し、届け出をしてもらうよう促すことになります。

白岩：今、民泊施設は6万件くらいあるといわれています。しかし、これは『Airbnb（エアビー）』がつくったマーケットであり、「今回の法律が施行されたら8〜9割はグレーゾーンなので市場からなくなる」ともいわれています。すでに6月早々に多くのリスティングが削除されました。

大城：やはり『途家』も6月15日になると下げるのですか？

釘崎：はい。基本的には、同様の対応になるか

と思います。

白岩：弁護士に聞いたところ、民泊新法は「自治体に裁量権がある法律」ということでした。そうなるとマッチングサイトでつながろうとしても供給が足りないということになりかねません。今の環境で6月15日を迎えて民泊新法が施行されたとしても、その先、民泊新法に則っとった物件が増えるわけでもありませんから。

現状で登録されているのは、わずか数百件ですからね。四国は20件申請されてはいるものの、1件も受理されていません。そうなると、悲惨なのは民泊のコンサルタントから民泊用の物件を購入してしまった人たちでしょう。

釘崎：それも社会問題になっています。最近では民泊の撤退専門の業者もあるほどです。とにかく届出に関していえば、チェックが厳しいですよね。

大城：これではどう考えても素人の人にはできないですね。

釘崎：はい。6月15日から施行されますが、3月15日から届け出が開始されています。しかし、白岩さんが言われたとおり、ホストの方は不在型であれば管理会社に委託をしなければいけません。
そうすると、届け出をする前に管理会社が登録をして、その許可を得てからでなければホストは管理会社と委託契約が結べないので、ホストはそれまで届け出が行えません。実際的には、3月15日からは届け出をできないんですよ。

白岩：今後は白タクと同じように抜け道が出てくるかもしれませんが、それと合わせて通報も増えるでしょうね。「認定シールがないところに出入りしていたら通報してください」と案内している区もあるほどですから。

釘崎：大阪市などこれまで合法のインバウンドに力を入れていましたが、3月に民泊の

アメリカ人による殺人事件を期に流れが変わりました。ちょうど大阪の市議会が開かれているタイミングだったこともあり、「やはり民泊新法の締め付けをしないといけない！」という方向になりました。その結果、予定外の規制をかけることになったのです。
大阪市はほぼ特区民泊のため、民泊新法による影響は出にくいのかなと想像していますが、今言われているのが「大阪市は6月から大阪府警と連携をしてパトロールを強化します」という違法民泊の撲滅運動です。もちろん、違法なものはいけませんが。

大城：これでは国が目指す方向と真逆ですね。

釘崎：ええ、極めて日本的だと思います。ただ、不在型よりは在宅型のほうが、管理会社が必要ないので緩いといえるでしょうね。
現在は業界団体をつくる方向で観光庁が音頭を取っており、プラットフォーム事業者が中心となり、恐らく6月15日を見据えて設立されるのではないかと思います。

白岩：現行の法律であれば、民泊新法よりは旅館アパート・・・つまり簡易宿所のほうが合法で行いやすいという逆転現象が起こってしまっています。旅館アパートはホテルサイトに出せることが強みでしたが、今後は民泊のプラットホームも使っていくことになると思います。

釘崎：弊社も今は「民泊サイト」と謳っていますが、民泊というのは民泊新法に限られた話ではなく、簡易宿所であったり、日本の民宿であったり、小規模の旅館であったり・・・そこまで広げる意識でやっていきたいと考えています。

中国人観光客に求められる「宿」とは？

大城：ところで中国の方にとっては、普通のホテルではなくマンションやアパートに泊まりたいと思うものなのでしょうか？

釘崎：中国人のライフスタイルは、ファミリーやグループが根本にあるため、日本の画一的なホテルは現実的に厳しいです。
ですから、まさに白岩さんがやられているように人数が多いターゲットを狙って、一棟丸ごと貸すスタイルも一手です。弊社のサイトには、広さ○平米と入力する欄がありますし、楽天トラベルなどのホテルサイトにも広さは表示されていますね。

白岩：アパートも同じですよ。やはり平米数が広い部屋ほど生き残れるということです。ワンルームでも狭小の物件はなかなか苦しいです。それは自身の投資経験を振り返ってみてもそうでした。
どうしても利回り追求していくと狭くなりがちですが、お客さんの目線に立ったときに快適な空間を提供することが大切です。
2世帯で旅行をした際にホテルだと2室分がかかるので費用面で苦しくなりま

すが、これが簡易宿所の物件なら低コストで済みますからね。

大城：たしかに料金の高い時期に行ったらなおさらです。家族４人で旅行する場合も、欧米であれば夫婦と子どもを分けますが、そのようなことは日本でありえない。これはアジアでも同じ考えでしょうから。

白岩：皆さん、本日は貴重なお話ありがとうございました！

おわりに

本書を最後までお読みいただきありがとうございます。

私がはじめて著作を執筆したのは２００６年でしたから、それから早いもので10年以上が過ぎています。これまで10冊の本を出版し、本書で11冊目となります。正直、兼業大家の私がこのようにたくさんの本を出せたのは不思議なものです。

私が常々思っていることで、「木を見て森を見ない大家さんが多い」ということです。

その森はもう枯れているにも関わらず、木だけを見て「もっと大きく成長するだろう」そんな風に楽観的に考えている大家さんは、今後、不動産賃貸業はどのようになっていくのか、その現実から目をそらしているのだと思います。

日本は高齢化により急速に人口が減っています。

晩婚化、非婚化、熟年離婚、独居老人など様々な理由から世帯数は増えていますが、いずれそれも頭打ちとなります。

それにも関わらず、新築物件がどんどん建てられています。

ただですら空室が余っているのに関わらず、「相続対策」や「不動産投資」のために余っている住宅をさらにつくり余らせるのです。

私は時代の変化についていける大家さんだけが勝ち続けられると考えています。同じアパートや貸家であっても、そのターゲットを変えることで、どこよりも強い競争力を持って、収入を大きく上げていくことができるのです。

「何が正解で何が間違っている」とは、一概に言いにくいのが不動産投資の特徴でありますが、結局のところいかに稼働させていくのかがキーになります。

私の提案する旅館アパートは、東京と京都といったメジャー観光地でなくてはいけないのか？　いえ、そんなわけではありません。

外国人旅行客が訪れる場所であれば、そこにはまったく新しい需要があります。つまり大きなチャンスがあるのです。

もし、空室で悩まれているようであれば、私の勉強会やセミナーで何でもお聞きください。新しい発想を持つことにより、これまでにない可能性が生まれます。

わたしはいつでも真剣な大家さんの味方でありたいと思っています。

平成30年6月

白岩 貢

著者略歴

白岩 貢（しらいわ みつぐ）

1959年、世田谷で工務店経営者の次男として生まれる。

世田谷にて珈琲専門店を経営していたが、株式投資の信用取引に手を出してバブル崩壊と共に人生も崩壊。夜逃げ、離婚、自己破産を経てタクシー運転手になり、その後、土地の相続を受けて本格的にアパート経営に乗り出す。

60室の大家でありながら本業の傍ら不動産投資アドバイザーとして、その時代に合ったアパートづくりを累計360棟サポートしている。現在は、東京・京都を中心に日本のブランド立地で徹底して建物にこだわった「旅館アパート」を開始約2年で30棟以上（本書執筆時）展開中。

著作に「アパート投資の王道」（ダイヤモンド社）、「親の家で金持ちになる方法」（アスペクト）、「新築利回り10%以上、中古物件から月50万円の「旅館アパート」投資！」「親のボロ家から笑顔の家賃収入を得る方法」（共にごま書房新社）ほか、計11冊執筆。

■著者HP　http://shiraiwamitsugu.com/
■著者ブログ　http://blog.livedoor.jp/mitsugu217/

家賃収入3倍増！
“旅館アパート”投資術
〜365日宿泊可能な合法民泊〜

著　者　　白岩 貢
発行者　　池田 雅行
発行所　　株式会社 ごま書房新社
〒101-0031
東京都千代田区東神田1-5-5
マルキビル7階
TEL 03-3865-8641（代）
FAX 03-3865-8643
カバーデザイン　　堀川 もと恵（@magimo創作所）
編集協力　　布施 ゆき
印刷・製本　　精文堂印刷株式会社

ISBN978-4-341-08703-6 C0034